Armin Scherb

Der Bürger in der Streitbaren Demokratie

Bürgerbewusstsein.
Schriften zur Politischen Kultur und Politischen Bildung
Band 3

Herausgegeben von
Dirk Lange

Bürgerbewusstsein bezeichnet die Gesamtheit der mentalen Vorstellungen über die politisch-gesellschaftliche Wirklichkeit. Es dient der individuellen Orientierung in Politik, Wirtschaft und Gesellschaft und produziert zugleich den Sinn, der es dem Menschen ermöglicht, vorgefundene Phänomene zu beurteilen und handelnd zu beeinflussen. Somit stellt das Bürgerbewusstsein die subjektive Dimension von Politik, Wirtschaft und Gesellschaft dar. Es wandelt sich in Sozialisations- und Lernprozessen und ist deshalb - zentral für alle Fragen der Politischen Bildung. Das Bürgerbewusstsein bildet mentale Modelle, welche die gesellschaftlichen Strukturen und Prozesse subjektiv verständlich, erklärbar und anerkennungswürdig machen.

Die mentalen Modelle existieren in Entstehungs- und Wirkungszusammenhängen mit der Politischen Kultur. Auf der Mikroebene steht das Bürgerbewusstsein als eine mentale Modellierung des Individuums im Mittelpunkt. Auf der Makroebene interessieren die gesellschaftlichen Bedingungen und sozialen Kontexte des Bürgerbewusstseins. Auf der Mesoebene wird untersucht, wie sich das Bürgerbewusstsein in Partizipationsformen ausdrückt.

Die „Schriften zur Politischen Kultur und Politischen Bildung" lassen sich thematisch fünf zentralen Sinnbildern des Bürgerbewusstseins zuordnen: „Vergesellschaftung", „Wertbegründung", „Bedürfnisbefriedigung", „Gesellschaftswandel" und „Herrschaftslegitimation".

„Vergesellschaftung": Das Bürgerbewusstsein verfügt über Vorstellungen darüber, wie sich Individuen in die und zu einer Gesellschaft integrieren. Welche Vorstellungen existieren über das Verhältnis von Individuum und Gesellschaft? Wie wird soziale Heterogenität subjektiv geordnet und gruppiert?

„Wertbegründung": Das Bürgerbewusstsein verfügt über Vorstellungen darüber, welche allgemein gültigen Prinzipien das soziale Zusammenleben leiten. Welche Werte und Normen werden in politischen Konflikten, gesellschaftlichen Auseinandersetzungen und ökonomischen Unternehmungen erkannt?

„Bedürfnisbefriedigung": Das Bürgerbewusstsein verfügt über Vorstellungen darüber, wie Bedürfnisse durch Güter befriedigt werden. Welche Konzepte über das Entstehen von Bedürfnissen, die Produktion von Gütern und die Möglichkeiten ihrer Verteilung (u. a. Marktkonzepte) werden verwendet?

„Gesellschaftswandel": Das Bürgerbewusstsein verfügt über Vorstellungen darüber, wie sich sozialer Wandel vollzieht. Wie werden die Ursachen und die Dynamik sozialen Wandels erklärt? In welcher Weise wird die Vergangenheit erinnert und die Zukunft erwartet?

„Herrschaftslegitimation": Das Bürgerbewusstsein verfügt über Vorstellungen darüber, wie partielle Interessen allgemein verbindlich werden. Wie wird die Ausübung von Macht und die Durchsetzung von Interessen beschrieben und gerechtfertigt? Welche Konflikt- und Partizipationsvorstellungen sind erkennbar?

Die Reihe „Bürgerbewusstsein" veröffentlicht empirische, normative, reflexive und anwendungsbezogene Studien. Die *empirische Forschung* untersucht die Tatsächlichkeit des Bürgerbewusstseins. Sie fragt nach den vorhandenen Kompetenzen von Bürgerinnen und Bürgern, sowie nach den kommunikativen, diskursiven und strukturellen Bedingungen dieser Kompetenz. *Normativ* wird nach der Wünschbarkeit des Bürgerbewusstseins gefragt. Den Referenzpunkt stellt die Mündigkeit von Bürgerinnen und Bürgern und ihr Anspruch auf gleichberechtigte gesellschaftliche Partizipation dar. Die *reflexive Forschung* untersucht die Möglichkeit des Bürgerbewusstseins. Es stellt sich die Frage, welche sozialen Kontexte, fachlichen Inhalte und unterrichtliche Situationen das Bürgerbewusstsein wie verändern. Die *anwendungsbezogene Forschung* untersucht die Beeinflussbarkeit des Bürgerbewusstseins. Die Entwicklungsaufgabe zielt auf die Strukturierung Politischer Bildung in Schule und Gesellschaft.

Armin Scherb

Der Bürger in der Streitbaren Demokratie

Über die normativen Grundlagen
Politischer Bildung

VS VERLAG FÜR SOZIALWISSENSCHAFTEN

Bibliografische Information der Deutschen Nationalbibliothek
Die Deutsche Nationalbibliothek verzeichnet diese Publikation in der
Deutschen Nationalbibliografie; detaillierte bibliografische Daten sind im Internet über
<http://dnb.d-nb.de> abrufbar.

1. Auflage 2008

Alle Rechte vorbehalten
© VS Verlag für Sozialwissenschaften | GWV Fachverlage GmbH, Wiesbaden 2008

Lektorat: Katrin Emmerich / Marianne Schultheis

Der VS Verlag für Sozialwissenschaften ist Teil der Fachverlagsgruppe
Springer Science+Business Media.
www.vs-verlag.de

Das Werk einschließlich aller seiner Teile ist urheberrechtlich geschützt. Jede Verwertung außerhalb der engen Grenzen des Urheberrechtsgesetzes ist ohne Zustimmung des Verlags unzulässig und strafbar. Das gilt insbesondere für Vervielfältigungen, Übersetzungen, Mikroverfilmungen und die Einspeicherung und Verarbeitung in elektronischen Systemen.

Die Wiedergabe von Gebrauchsnamen, Handelsnamen, Warenbezeichnungen usw. in diesem Werk berechtigt auch ohne besondere Kennzeichnung nicht zu der Annahme, dass solche Namen im Sinne der Warenzeichen- und Markenschutz-Gesetzgebung als frei zu betrachten wären und daher von jedermann benutzt werden dürften.

Umschlaggestaltung: KünkelLopka Medienentwicklung, Heidelberg
Druck und buchbinderische Verarbeitung: Krips b.v., Meppel
Gedruckt auf säurefreiem und chlorfrei gebleichtem Papier
Printed in the Netherlands

ISBN 978-3-531-16074-0

Inhaltsverzeichnis

Vorbemerkung 9

1. **Die Bedeutung der Streitbaren Demokratie als Maßstab** 11

1.1   Zur ideengeschichtlichen Tradition der Streitbaren Demokratie 11
1.2   Historisch-politische Begriffsimplementierung 12
1.3   Der „Wille des historischen Verfassungsgebers" 13
1.3.1 Die Wertgebundenheit 14
1.3.2 Die Treuepflicht 15
1.3.3 Die Abwehrbereitschaft 18
1.3.4 Streitbare Demokratie als Maßstab 19

2. **Legitimationsprobleme der Streitbaren Demokratie** 23

2.1   Prinzipielle und anwendungsbezogene Geltungszweifel am Konzept der Streitbaren Demokratie 23
2.1.1 Die Diskussion über prinzipielle Zweifel 23
2.1.2 Die Diskussion über anwendungsbezogene Zweifel 25
2.2   Legitimationskonzepte der Streitbaren Demokratie 27
2.2.1 Pluralismus und Fundamentalkonsens 28
2.2.2 Die Theorie vom demokratischen Verfassungsstaat 29
2.2.3 Politisch-philosophische Fundierungen 30

3. **Streitbare Demokratie und politische Praxis** 35

3.1   Streitbare Demokratie zwischen Legalität und Opportunität 37
3.2   Das strukturelle Dilemma der Streitbaren Demokratie 39
3.3   Was heißt „demokratische Streitbarkeit" in der Praxis? 41
3.4   „Flexible Response" der streitbaren Demokratie 44

4.	**Das Bürgerleitbild der Streitbaren Demokratie**.....................	47
4.1	Dimensionen bürgerschaftlicher Demokratiekompetenz.............	47
4.2	Das Bürgerbild im Lichte unterschiedlicher Spannungsfelder........	50
4.2.1	Bürgerbilder im Spannungsfeld von Partizipation und Nicht-Partizipation...	50
4.2.2	Bürgerbilder im Spannungsfeld von Pflicht/Akzeptanz- und Selbstentfaltungswerten...	54
4.2.3	Bürgerbilder im Spannungsfeld von Liberalismus und Kommunitarismus...	56
4.3	Das Bürgerleitbild der Streitbaren Demokratie...........................	58
5.	**Die Streitbare Demokratie als Réligion civile?**.....................	63
5.1	Substanz einer Réligion civile der Streitbaren Demokratie...........	64
5.1.1	Verfassungspatriotismus und Bürgergesellschaft als Substanziierungsangebot...	64
5.1.2	Das Substanziierungsangebot des Kommunitarismus.................	67
5.1.3	Die Renaissance der Konflikttheorie als Substanziierungsangebot......	71
5.2	Verpflichtungsumfang einer Réligion civile der Streitbaren Demokratie...	75
5.2.1	Bildungsziele als unbedingtes Erziehungsprogramm?.................	75
5.2.2	Verfassungstreuepflichten des „einfachen" Staatsbürgers und des Beamten..	78
5.2.3	Erziehungsziele als „soft law"...	79
6.	**Streitbare Demokratie und Demokratieerziehung**.................	83
6.1	Pragmatismus und Demokratie-Lernen I....................................	84
6.1.1	Deweys pragmatisches Konzept und der Individualismus der Postmoderne...	85
6.1.2	Hat John Deweys Erziehungskonzept ein normatives Fundament?......	88
6.2	Exkurs: Demokratie-Lernen und Konstruktivismus....................	92
6.2.1	Grundannahmen des Konstruktivismus.....................................	92
6.2.2	Lernprozesse als demokratische Prozesse?................................	95
6.2.3	Lernprozesse und politische Urteilsbildung...............................	98
6.2.4	Der Konstruktivismus – eine deskriptive Lerntheorie.................	102

6.3	Pragmatismus und Demokratie-Lernen II	104
6.3.1	Die Pragmatische Maxime	104
6.3.2	Erkenntnistheoretische Implikationen der Pragmatischen Maxime	106
6.3.3	Grundlegungen der Demokratieerziehung im Pragmatismus	109
7.	**Streitbare Demokratie und didaktische Praxis**	**115**
7.1	Demokratieerziehung als Förderung reflexiver Urteilskompetenz	115
7.1.1	Die subjektiv-biographische Eingangssituation	115
7.1.2	Rationalität und Urteilsbildung	117
7.2	Didaktische Prinzipien des Demokratie-Lernens	124
7.2.1	Der Anspruch des Subjekts: Sinnorientierung und Pädagogisierung	125
7.2.2	Der Anspruch der Sache: Objektivierung des Lebensweltbezugs	129
7.2.3	Sinnorientierung und Demokratieerziehung	133
Literaturverzeichnis		**135**

Vorbemerkung

Der thematische Zusammenhang der vorliegenden Schrift stellt sich über die Ergebnisse meiner verfassungshermeneutischen Untersuchung zur Entstehung der *Streitbaren Demokratie* in der Verfassungsgebung der Jahre 1945-1949 her (Dissertation von 1987). Von besonderer Relevanz sind dabei die Diskussion über das Spannungsverhältnis von Freiheit und Sicherheit in einer pluralistischen Gesellschaft, für deren Verfassung ein hoher Legitimationsdruck entsteht, wenn sie bestimmte Teile für unabänderbar erklärt. Die Erörterung dieses Legitimationsproblems aus verfassungsgenetischer und aus verfassungsrechtlicher Sicht bildet die Grundlage für die Konkretisierung eines Beurteilungsmaßstabs, der eine normative Richtschnur und ein Instrument zur kritischen Beurteilung sowohl der politischen Praxis als auch der Praxis politischer Bildung darstellt.

In der *Politikwissenschaft*, die die politische Praxis nicht nur beschreibend und analysierend begleitet, sondern als normative Wissenschaft sich um die Res gerendae stets auch einordnend und beurteilend zu kümmern hat, dient dieser Maßstab zur Evaluation der *politischen Praxis*. Indem die Politikwissenschaft im Lichte des aus der verfassungshermeneutischen Bedeutung der Streitbaren Demokratie ableitbaren Verhältnisses von Demokratieschutz und Freiheit die Reichweiten und Grenzen politischer Toleranz in einer freiheitlich-pluralistischen Demokratie näher bestimmt, kann sie der Praxis überdies Hinweise auf einen verfassungskonformen Umgang mit extremistischen Bestrebungen geben.

Wenn die Politikwissenschaft nach 1945 zunächst überwiegend normativ als Demokratiewissenschaft verstanden wurde, dann trifft dieser normative Anspruch umso mehr auf die *Politische Bildung* zu, die seit der Re-education-Politik der Besatzungsmächte als Überlebensgarantie für eine freiheitlich-demokratische Ordnung angesehen wird. So buchstabiert etwa der bundesweite Verband, in dem die in der Politischen Bildung Tätigen organisiert sind, die **Deutsche Vereinigung für Politische Bildung** in der öffentlichen Selbstdarstellung sein Namenskürzel aktuell auch mit „*D*EMOKRATIE *V*ERLANGT *P*OLITISCHE *B*ILDUNG" aus. Die hier implizierte enge Verknüpfung von Politischer Bildung und Demokratieerziehung veranlasst dabei die weitergehende Frage, *wie* in einer freiheitlichen Gesellschaft

Demokratie gefördert werden kann, ohne in der Praxis dem Verdikt zu verfallen, das Friedrich Oetinger bereits 1953 wie folgt auf den Begriff gebracht hat:

> „Die Formel von der ‚Erziehung zur Demokratie' ist in der Tat befremdend, wenn man sie nicht konkretisiert. Versteht man unter Demokratie eine Staatsform, dann muss man ‚Erziehung zur Demokratie' genauso als Propaganda bezeichnen, wie die vorhergehende ‚Erziehung zum Nationalsozialismus'". [1]

Für die *Politische Bildung* generieren die Ergebnisse der verfassungshermeneutischen Untersuchung einen Maßstab, dem auch Hinweise für den Entwurf einer *Theorie Politischer Bildung der Streitbaren Demokratie* entnommen werden können. Sie verweisen auf ein normatives Konzept, das in seinen Zielprojektionen, in den Fragen nach Art und Umfang der Verpflichtung für die in der Politischen Bildung tätigen Lehrerinnen und Lehrer und in der Frage nach den Methoden und didaktischen Prinzipien durch verschiedene Vorstellungen zur Demokratieerziehung implementiert werden kann. Eine besondere Bedeutung kommt nach Auffassung des Autors in diesem Zusammenhang dem amerikanischen Pragmatismus zu, wie er v.a. von Charles Sanders Peirce entfaltet wurde und von John Dewey für eine Philosophie der Demokratieerziehung fruchtbar gemacht werden konnte.

Die folgende Darstellung der Bedeutung des Verfassungsprinzips der Streitbaren Demokratie für Politik(wissenschaft) und Politische Bildung stellt eine Zusammenfassung der Argumentationen und Erörterungen dar, die ich seit 1987 in verschiedenen Schriften ausführlicher entfaltet habe.

Nürnberg im Juni 2008

Armin Scherb

---

1 Oetinger, 1953, S.16f.

1. Die Bedeutung der Streitbaren Demokratie als Maßstab

Für eine Verfassungsinterpretation sind nach Auffassung des Bundesverfassungsgerichts neben dem reinen Verfassungstext v.a. die hinter den kodifizierten Regelungen stehenden Argumentationen und Kontroversen von Bedeutung.[2] Die in den Verhandlungen der Verfassungsgebenden Versammlungen in den Ländern und später im Parlamentarischen Rat geführten Diskussionen stellen deshalb ein wichtiges Interpretationskriterium für die Beurteilung der praktischen Umsetzung des Verfassungsprinzips der Streitbaren Demokratie dar.

1.1 Zur ideengeschichtlichen Tradition der Streitbaren Demokratie

Dass das Konzept der Streitbaren Demokratie in keinem anderen Staat der westlichen Welt in ähnlicher Weise verfassungsrechtliche Bedeutung erlangt hat wie in der Bundesrepublik Deutschland[3], scheint die Auffassung begründet zu haben, dass dieses Konzept die spezifische Reaktion der westdeutschen Verfassungsgebung nach dem zweiten Weltkrieg auf den formal legalen Übergang von der Demokratie zur Diktatur darstellt. Allerdings lässt sich für die Streitbare Demokratie eine historisch-ideengeschichtliche Tradition nachweisen, die in den Vereinigten Staaten bis zum Ende des ersten Weltkrieges zurückreicht. Kritische Überlegungen zu dem bis dahin unumstrittenen Credo einer unbeschränkten Geltung der Grundrechte[4] weiten sich vor dem Hintergrund der politischen Entwicklung zum Faschismus in Europa zu einer breiteren Diskussion aus, in deren Verlauf die westlichen Demokratien ermutigt werden, Maßnahmen zu ihrer Selbstverteidigung zu treffen, die bereits dann greifen, wenn noch nicht die Voraussetzungen für die Proklamation des politischen Notstandes erfüllt sind. Während sich in den Vereinigten Staaten diese Überlegungen spätestens mit der Abhandlung von Loewenstein

---

2 Vgl. Sachs, 1984, S.73ff.
3 Vgl. Boventer, 1985, S.45.
4 Vgl. Boventer, 1985, S.34 m.w.N.

über „*Militant Democracy and Fundamental Rights*"[5] zu einer kohärenten Konzeption des präventiven Demokratieschutzes verdichten, werden in Deutschland vorerst nur punktuell Zweifel am Wertrelativismus laut. Versuche, der Weimarer Reichsverfassung eine materiale Grundlegung zu geben, scheitern jedoch an der Praxis der Republikschutzbemühungen. Das Leerlaufen der gesetzlichen Regelungen zeigt, dass einer materialen Interpretation der Weimarer Verfassung lediglich der Charakter einer „erheblichen Forderung de lege ferenda" zukommen konnte.[6] Der für die Streitbare Demokratie konstitutive Zusammenhang zwischen Demokratiesicherung und Wertorientierung einer politischen Ordnung wird in Deutschland erstmals am Ende der Weimarer Republik ausdrücklich hergestellt.[7] Ein internationaler Juristenkongress, der 1937 in Paris stattfindet und sich mit staatsrechtlichen Problemen der Selbstverteidigung der Demokratie befasst, macht deutlich, dass auch das europäische Ausland an der ideengeschichtlichen Entwicklung der Streitbaren Demokratie teilhat.[8] Weitere Schriften vornehmlich im angelsächsischen Sprachraum[9] belegen, dass sich die westdeutsche Verfassungsgebung nach dem zweiten Weltkrieg mit ihrer Diskussion über das Konzept einer Streitbaren Demokratie bereits in einer längeren historisch-ideengeschichtlichen Kontinuität bewegt.

1.2 Historisch-politische Begriffsimplementierung

In den Verfassungsberatungen der Länder hat sich für eine Begriffsbildung Streitbare Demokratie als Grundstruktur eine Trias herauskristallisiert, bestehend aus der *Wertgebundenheit* mit einer Unabänderbarkeitserklärung für bestimmte Verfassungsprinzipien, einer sie unterstützenden *Treuepflichtforderung* und der *Abwehrbereitschaft*, die bei Verstößen gegen die unabänderbaren Verfassungsprinzipien restriktive Instrumente zur Durchsetzung der Wertgebundenheit bereithält. Die Streitbare Demokratie konkretisiert sich im Grundgesetz dabei in folgenden Verfassungsbestimmungen: Elemente der Wertgebundenheit sind das Verbot der Verfassungsänderung für bestimmte Prinzipien, die Wesensgehaltsklausel für die Grundrechte und das Verbot der Verfassungsdurchbrechung. Treuepflichtbestimmungen werden als allgemeine, d.h. alle Bewohner eines Landes oder zumindest alle

---

5 Vgl. den Beitrag von Karl Loewenstein in American Political Science Review 1937, S.417ff. u. 638ff.
6 Vgl. Anschütz, 1933, Bem. 3 zu Art. 76 WRV.
7 Vgl. Leibholz, 1933, S.40ff.
8 Vgl. Boventer, 1985, S.34 m.w.H.
9 Vgl. Boventer, 1985, S.35.

Staatsbürger verpflichtende Normen und als Treuepflichtbestimmungen für Beamte, Richter und Lehrer verwirklicht. Die Abwehrbereitschaft konkretisiert sich in Schutzbestimmungen gegenüber individuellen und/oder kollektiven Angriffen auf die Verfassung. Der Bestimmung über die Verwirkung von Grundrechten zur Abwehr individueller verfassungsfeindlicher Aktivitäten fügen sich Schutzbestimmungen an, die die Verfassungsfeindlichkeit von Parteien und Vereinigungen ins Visier nehmen. Streitbare Demokratie wird in der Verfassungsgebung nach 1945 als präventives Schutzkonzept verwirklicht, das mit der Vorverlagerung der Abwehrbereitschaft des Staates in den Bereich der Ziele und Absichten nicht erst dann Wirksamkeit entfaltet, wenn bereits strafrechtliche Tatbestände erfüllt sind. Es handelt sich dabei um Bestimmungen, die das Verhältnis von Freiheit und Sicherheit gegenüber der Weimarer Republik grundlegend verändern. Das Scheitern einer Schutzkonzeption, die in der Weimarer Republik hauptsächlich auf das politische Strafrecht angewiesen war und durch die sogenannte Legalitätstaktik der Nationalsozialisten beständig unterlaufen wurde, führte in der Verfassungsdiskussion der Nachkriegszeit zu Konsequenzen, deren Tragweite Anlass gegeben hat, von einer „kopernikanischen Wende" im Verfassungsdenken zu sprechen. Die Bestimmungen der Streitbaren Demokratie markieren somit eine Entwicklung von einer wertneutralen zu einer wertgebundenen Demokratie. Erst die Unabänderbarkeitserklärung für bestimmte Verfassungsgrundsätze konstituiert einen Raum der Verfassungswidrigkeit und verhindert damit, dass Treuepflichtregelungen und Schutzbestimmungen zur Abwehr von verfassungsfeindlichen Bestrebungen leer laufen.[10]

1.3 Der „Wille des historischen Verfassungsgebers"

Wenn nun in den Verfassungsberatungen der Konsenscharakter der Streitbaren Demokratie zu Tage getreten ist, so kann doch die noch so eindeutige Entscheidung und die noch so eindeutigen Mehrheiten nicht als zweifelsfreies Votum interpretiert werden. Selbst die engagiertesten Vertreter des Prinzips haben ihr positives Votum im Bewusstsein des Spannungsverhältnisses von Freiheit und Streitbarkeit abgegeben. Auf Grund der historischen Erfahrung mit dem Nationalsozialismus, deren Führer sich über eine Demokratie mockierten, die ihren eigenen Feinden die Mittel an die Hand gab, mit denen diese die Demokratie zerstören konnten, kam doch ein eindeutiges Votum für die Streitbare Demokratie zustande. Die Einschät-

---

10 Vgl. Scherb, 1987, S.22.

zung der demokratietheoretischen Problematik als einer „zu Tode geschützten Freiheit" blieb somit hinter der als Gebot der Stunde verstandenen Verhinderung einer erneuten Legalitätstaktik demokratiefeindlicher Kräfte zurück. Zutreffend und durch die Analyse der Verfassungsdiskussionen gestützt erscheint daher die Auffassung von Jahrreiss, der der Entscheidung für die Streitbare Demokratie den Charakter „eines selbstquälerischen Gedanken(s)" zuschreibt, mit dem man „bloß ungewisse Risiken auf sich nimmt, um das andere gewisse Risiko zu vermeiden."[11] Aus der v.a. auf Herrenchiemsee im Zusammenhang mit der Beratung über das Verbot der Verfassungsänderung diskutierten demokratietheoretischen Bedenklichkeit des Demokratieschutzkonzeptes leitet sich ein Verständnis von Streitbarer Demokratie ab, in dem die Demokratie als Zweck den Fixpunkt bildet, von dem aus die Streitbarkeit zu definieren ist. Unbedingten Charakter hat die Streitbare Demokratie somit nur in der Zielfunktion, die sich im Grundgesetz im Begriff der „freiheitlichen demokratischen Grundordnung" konkretisiert. Die anderen konstitutiven Merkmale sind dieser Zielfunktion nachgeordnet. Treuepflichtbestimmungen und Abwehrbereitschaft haben daher nur instrumentellen Charakter, d.h. eine die freiheitliche demokratische Grundordnung verwirklichende Funktion.

1.3.1 Die Wertgebundenheit

Eine Konkretisierung des Verhältnisses von Freiheit und Streitbarkeit erscheint auch in der im Verbot der Verfassungsänderung enthaltenen Definition des Schutzgutes. Der Inhalt der unabänderbaren Prinzipien trifft zugleich eine Entscheidung über die Grenze der Toleranz für politische Aktivitäten. Die vor dem Grundgesetz verabschiedeten Länderverfassungen lassen durch ihre zumeist abstrakten Schutzgutformulierungen dem politischen Gestaltungswillen noch weitgehende Freiheit. Lediglich die Hessische Verfassung (Art. 150) und ansatzweise die Verfassungen des Saarlandes (Art. 64) und des Landes Rheinland-Pfalz (Art. 77 u. 129) weisen erste Versuche einer Konkretisierung auf, indem sie ausdrücklich diejenigen Strukturprinzipien benennen, die jeglicher Änderung entzogen sein sollen.[12] Ansonsten lässt die Schutzgutdefinition in den Länderverfassungen noch soviel Raum, dass sie für durchaus unterschiedliche Staatsauffassungen offen bleibt. Die Abstraktheit der Schutzgutdefinitionen in den meisten Länderverfassungen scheint auch dahingehend interpretiert werden zu können, dass das Konzept der Streitbaren

---

11 Jahrreiss, 1950, S.89.
12 Die Texte sind im Überblick abgedruckt bei Scherb, 1987, S.281ff.

1.3 Der „Wille des historischen Verfassungsgebers"

Demokratie in den Detailregelungen noch unausgereift verfassungsrechtliche Realität werden musste. Schließlich war die westdeutsche Verfassungsgebung der Nachkriegszeit der erste Versuch, die ideengeschichtliche Tradition der Streitbaren Demokratie zu kodifizieren. Die Beratungen des Grundgesetzes verarbeiten die Argumentationen der frühen Verfassungsgebung zu einer Schutzgutdefinition, die einen Kompromiss zwischen den Polen der Freiheit und Streitbarkeit herzustellen versucht. Einerseits beruht die Konkretisierung der unabänderbaren Prinzipien auf der übereinstimmenden Ansicht, dass ein Verbot der Verfassungsänderung nur praktikabel ist, wenn die Grenzen der Toleranz fixiert sind, andererseits tragen die Definitionsbemühungen durch die Beschränkung der Unabänderbarkeit auf die obersten konsensfähigen Verfassungsprinzipien auch dem Freiheitspostulat Rechnung. In der Länderverfassungsgebung deutet sich diese Interpretation des Verhältnisses von Freiheit und Streitbarkeit in der Grundrechtsdebatte an. Die unumstrittene Wesensgehaltsgarantie betont einerseits den Grundrechtsschutz, konzediert unter Sicherheitsgesichtspunkten andererseits auch Eingriffe in die Grundrechte. Offenheit und Wertgebundenheit stehen in der Verfassungsgebung damit in einer gegensätzlichen Beziehung. Einerseits ist Wertgebundenheit die Garantie für die Offenheit der Verfassung, andererseits ist sie auch limitierender Faktor für diese Offenheit. Die Verfassungsgebung nach 1945 antwortet auf den Weimarer Relativismus nicht einfach mit der Verabsolutierung bestimmter Inhalte, sondern bindet diese Inhalte an die Forderung nach Offenheit der Verfassung. Die praktische Lösung dieses scheinbaren Widerspruchs ist die Beschränkung der unabänderbaren Prinzipien auf oberste konsensfähige Inhalte.

1.3.2 Die Treuepflicht

Die Interpretation des Verhältnisses von Freiheit und Streitbarkeit hängt weiter ab von der verfassungsrechtlichen Konkretisierung der Treuepflicht. Der Umfang der Verpflichtung und deren Rechtscharakter ist dabei nach dem Adressatenkreis zu differenzieren.

Erstens: Sofern die Länderverfassungen überhaupt die Treuepflicht des „einfachen" Staatsbürgers regeln, formulieren sie im Allgemeinen die in juristischer Sicht überflüssige Forderung nach Achtung der Verfassung. Es dürfte nicht zuletzt der rein appellativ-pädagogische Charakter der allgemeinen Treuepflichtbestimmungen gewesen sein, der eine unproblematische verfassungsrechtliche Verankerung bewirkt. Die in der Literatur vorfindbaren Erklärungen für den Verzicht des Parlamentarischen Rates auf eine allgemeine Treuepflichtbestimmung unterstreichen die Annahme eines rein appellativen Charakters dieser Norm.[13] Wenn Carlo Schmid in seinen Memoiren darauf hinweist, dass eine verfassungsrechtliche Verankerung von Grundpflichten für den einfachen Staatsbürger der Justiziabilität der Grundrechte geopfert wurde[14], so bedeutet dies, dass auf keinen Fall daran gedacht war, eine der hessischen Treuepflichtbestimmung analoge Regelung zu treffen[15], die über rein appellative Funktionen hinaus durch eine Pönalisierungsdrohung Rechtswirksamkeit entfaltet. Damit kann sowohl auf Grund der in den Länderverfassungen realisierten Regelungen als auch nach der Beratung im Parlamentarischen Rat davon ausgegangen werden, dass eine Verpflichtung des Bürgers, die über die Befolgung der Gesetze hinausgeht, als unvereinbar mit der ihm gleichzeitig garantierten Freiheit anzusehen ist.[16] In dieser Hinsicht steht die Verfassungsgebung nach 1945 trotz Weimar durchaus in der Tradition des liberalen Rechtsstaates, der das Zusammenleben der Bürger auf äußeres Verhalten gründet und Gesinnungen außer Acht lässt. Damit kann vom „einfachen" Staatsbürger auch kein aktives Eintreten für die Verfassung rechtsverbindlich verlangt werden, wie dies Art. 146 der Hessischen Verfassung fordert. Aus dem Gesamtzusammenhang der den Bürger betreffenden Demokratieschutzbestimmungen und der Beratungen hierüber ist daher nur ein Anspruch auf Unterlassung von Angriffen gegen die freiheitliche demokratische Grundordnung abzuleiten, also ein Anspruch an die Rechtstreue und das Befolgen von Gesetzen. *Zweitens:* Eine weitergehende rechtliche Bedeutung hat die Treuepflichtbestimmung für Beamte. Eine Verpflichtung hat hier nicht nur appellativ-pädagogische Funktion, sondern erlangt über das Eignungskriterium „Verfassungstreue" als Voraussetzung für den Zugang zum öffentlichen Dienst Rechtswirksamkeit. Im Gegensatz zu den Anforderungen an den einfachen Bürger stellt die beamtenrechtliche Treuepflicht eindeutig auf ein *positives Eintreten für die obersten Prinzipien* der Verfassung ab. Die Frage, ob sich die Treuepflicht auch auf das außerdienstliche Verhalten bezieht, bejahen für die Beamtenschaft ausdrücklich die Verfassungen von Württemberg-Baden (Art.88), Bayern (Art. 96), Rheinland-Pfalz (Art. 132) und des Saarlandes (Art. 119). Während in der Saarländischen Diskussion keinerlei Problembewusstsein darüber entsteht, dass das gesamte Verhalten eines Beamten in die Treuepflicht einbezogen wird, stellt man in

---

13 Vgl. Klein, 1979, S.81, Häberle, 1979, S.126, Isensee, 1982, S.611.
14 Vgl. Schmid, 1979, S.145.
15 In Artikel 146 der Hessischen Verfassung heißt es: „Es ist die Pflicht eines jeden, für den Bestand der Verfassung mit allen ihm zu Gebote stehenden Kräften einzutreten.(...) Das Gesetz bestimmt, welche Rechte aus dieser Verfassung (...) aberkannt werden können, wenn jemand dieser Pflicht zuwider handelt."
16 Vgl. Scherb, 1987, S.266 m.w.H.

1.3 Der „Wille des historischen Verfassungsgebers"

Bayern Parallelen zum Polizeistaat der Ära Metternich fest.[17] In der Verfassungsgebung anderer Länder wird dieses Problem nur im Zusammenhang mit der richterlichen Treuepflicht behandelt. Nachdem allerdings die Forderung nach einer *inneren* Bindung der Beamten die Differenzierung eines dienstlichen und eines außerdienstlichen Bereichs ohnehin nicht zulässt, ist unter Berücksichtigung dieser Dimension des Umfangs der beamtenrechtlichen Treuepflicht anzunehmen, dass die vorgrundgesetzliche Verfassungsgebung dazu tendiert, das gesamte Verhalten der Beamten für die Definition der Treuepflicht heranzuziehen. Auf die Forderung einer *inneren* Bindung deutet der Wortlaut der Bestimmungen in den meisten Länderverfassungen hin. Formulierungen wie die Verfassung „achten" (Art. 96 WüBaVerf), sich „bekennen" (Art.96 BayVerf, Art. 119 SaarldVerf), „Treue beweisen" (Art. 126 RhPfVerf) und „Gewähr bieten" (Art. 19 RhPfVerf, Art. 114 SaarldVerf, Art. 127 HessVerf) weisen auf ein identifikatorisches Verständnis der beamtenrechtlichen Treuepflicht hin, das in den Diskussionen zwar bisweilen mit kritischen Stellungnahmen konfrontiert wird, sich aber gegen die meist abstrakte Problematisierung staatlichen Eindringens in die Sphären der Gesinnung durchsetzt.[18] Vor allem in der hessischen Diskussion wird deutlich, dass rechtsstaatliche Bedenken von den Abgeordneten nicht realisiert werden können, weil eine Erörterung möglicher Folgen einer identifikatorischen Treuepflichtinterpretation offenbar zu hypothetisch erscheinen, als dass sie die Argumente für einen effektiven Verfassungsschutz, denen die historische Erfahrung zur Seite steht, relativieren könnten. Indem also Formulierungen, die ein identifikatorisches Treuepflichtverständnis begründen, in die Verfassungstexte der Länder Eingang finden, geschieht dies zumeist ohne ausreichende Rückbesinnung auf die andernorts erörterte Grundproblematik des Demokratieschutzes. In den meisten Ländern werden die entsprechenden Formulierungen ohne jegliche Diskussion von der Beratungsgrundlage in den endgültigen Verfassungstext übernommen.[19] Diese im Ergebnis konstatierbare Tendenz der Länderverfassungsgebung zu einer identifikatorischen Treuepflicht steht damit in einem gewissen Gegensatz zur Beschränkung der Streitbaren Demokratie auf den Charakter einer Zielbestimmung, wie sie aus den prinzipiellen Einlassungen abzuleiten ist. Nachdem in den Beratungen des Grundgesetzes die Frage nach der Ausgestaltung der Treuepflicht von dem Grundsatzproblem überlagert wird, ob das Berufsbeamtentum überhaupt wieder eingeführt werden soll, ist weder den Diskussionen auf Herrenchiemsee noch den Verhandlungen im Parlamentarischen Rat

---

17 Vgl. ausführlicher Scherb, 1987, S.108 u. 201ff.
18 Vgl. Scherb, 1987, S.56ff.
19 Vgl. Scherb, 1987, S.206ff.

und seinen Ausschüssen eine Deutung der Formulierung des Art. 33 (4) GG zu entnehmen. Dort wird lediglich darauf hingewiesen, dass die Beamten in einem „öffentlich-rechtlichen Dienst- und Treueverhältnis" stehen.

1.3.3 Die Abwehrbereitschaft

Außer Zweifel steht in der Verfassungsgebung nach 1945 die Definition der Tatbestandsvoraussetzungen in den Bestimmungen, die zum Schutz gegen Verfassungsverletzungen getroffen werden. So äußern sich nur vereinzelt Bedenken dagegen, dass die zu pönalisierenden Tatbestände in einen Bereich vorverlagert werden, in dem strafrechtliche Bestimmungen noch nicht anwendbar sind.[20] Die Kritik an der Vorverlagerung der Abwehrlinie in den Bereich der politischen Ziele und Absichten erreicht nie die Bedeutung, mit der ein Problembewusstsein über die Tragweite dieser Entscheidung soweit hätte aktualisiert werden können, dass damit der „ideologische"[21] Demokratieschutz prinzipiell in Frage gestellt worden wäre. Das Ergebnis der Beratungen zeigt, dass die Erfahrung der Legalitätstaktik der Nationalsozialisten in ihrer Bedeutung für die Begründung von restriktiven Schutznormen die Einschätzung möglicher Gefahren der Vorverlagerung der Abwehr überlagert. Dass allerdings auch das Bewusstsein dieser Gefahren in der Verfassungsgebung der Länder wirksam wird, zeigt sich zumindest dort, wo die Kompetenzregelungen der Abwehrbestimmungen weitgehende Kontrollmechanismen gegen den Missbrauch der Tatbestandserweiterung vorsehen.[22] Von besonderer Bedeutung für die Interpretation des Verhältnisses von Freiheit und Streitbarkeit ist das später so bezeichnete „Opportunitätsprinzip". Es handelt es sich hierbei um den Ermessensspielraum, der den für den Schutz der Verfassung zuständigen Instanzen für ihr Tätigwerden zugestanden wird. Dieser Ermessensspielraum erscheint dabei weniger im Text der Abwehrbestimmungen des Grundgesetzes als durch die in der Praxis gelebte Verfassung. Die Verfassungswirklichkeit, in der das „Opportunitätsprinzip" praktiziert wird, kann sich allerdings auf die Entstehungsgeschichte der Streitbaren Demokratie in der Verfassungsgebung berufen. Die Diskussionen im Parlamentarischen Rat stellen dabei eine Fortsetzung der Verhandlungen im Verfassungsaus-

---

20 Vgl. Scherb, 1987, S. 21, S.131, S.268.
21 Diese Begriffsbildung geht auf Haase, 1981, S.69f. zurück, der den „ideologischen" Schutz des Grundgesetzes vom „okkasionellen" Schutz der Weimarer Republik abgrenzt.
22 Art. 15 BayVerf., Art. 17 BremVerf., Art. 118 BadVerf., Art. 124 BadVerf., Art. 133 RhPfVerf.

1.3 Der „Wille des historischen Verfassungsgebers"

schuss der Bayerischen Verfassungsgebenden Landesversammlung dar. Bereits dort wird eines deutlich: Ein Ermessensspielraum der antragsberechtigten Instanzen soll verhindern, dass ein restriktiver Automatismus des Staates zur Abwehr verfassungsfeindlicher Bestrebungen in Gang gesetzt wird. Die Abwägung der politischen Notwendigkeit eines Eingriffs soll unabhängig von der Rechtsfrage, ob die Tatbestandsvoraussetzungen für einen Eingriff erfüllt sind, die Beschränkung der politischen Freiheit solange wie möglich hinausschieben. Dass damit zunächst dem Bürger die Abwehr verfassungsfeindlicher Aktivitäten übertragen wird, ergibt sich als Folge des Opportunitätsprinzips. Eine derartige Intention des Verfassungsgebers ist den Diskussionen über die Abwehrbestimmungen nicht expressis verbis zu entnehmen.[23] Allerdings ist das in der Verfassungsgebung immer mitgedachte und problematisierte Spannungsverhältnis von Freiheit und Sicherheit Anlass genug, auf einen Charakter der Streitbaren Demokratie zu schließen, der die Streitbarkeit als Grenzsituation freiheitlicher Demokratie ausweist und dementsprechend restriktive Reaktionen des Staates nur in Extremsituationen erlaubt.

1.3.4 Streitbare Demokratie als Maßstab

Damit ist demokratische Streitbarkeit nach dem Willen des historischen Verfassungsgebers zuerst Streitbarkeit für die Demokratie im Rahmen der Schutzgutdefinition und sie ist Streitbarkeit durch den demokratischen Souverän. Aus dem verfassungshistorisch begründbaren Charakter der Streitbarkeit als Grenzproblem freiheitlicher Demokratie ist abzuleiten, dass die freiheitliche Demokratie die Grundlagen ihrer Existenz von Staats wegen letztlich kaum sichern kann. Diese Auffassung hat sich mittlerweile längst in der Politikwissenschaft und in der Staatsrechtslehre in Anlehnung an den Namen eines renommierten Verfassungsrichters unter der Bezeichnung „Böckenförde-Theorem" etabliert.[24] Die Aussage des Böckenförde-Theorems legt zudem die Forderung nach einer primär *gesellschaftlichen Streitbarkeit* nahe, deren substantielle Bezugspunkte auf oberste Grundsätze einer demokratischen Ordnung beschränkt bleiben müssen. Das zu schützende Gut ist daher nur insofern eine bestimmte Regierungs- oder Staatsform als diese unmittelbar aus den obersten Grundsätzen zweifelsfrei deduziert werden könnte. Gerade diese deduzierende Konkretisierung muss jedoch immer dem freien Diskurs geöffnet bleiben. Diese obersten Grundsätze sind zugleich auch Maßstäbe für eine Pra-

---

23 So offenbar jedoch Mandt, 1978, S.11.
24 Vgl. Scherb, 1987, S.277, m.w.N. Vgl. in diesem Sinne auch Böckenförde, 1976, S. 60 aus verfassungs*rechtlicher* Sicht.

xis des Demokratieschutzes. Streitbare Demokratie ist damit sowohl von der *Subjekt*- als auch von der *Objekt*seite her *nicht Staats*schutz sondern *Demokratieschutz*. *Erstens* bezieht sich eine positive Seite gesellschaftlicher Streitbarkeit *(„Für die Demokratie eintreten!")* auf die Akzeptanz der freiheitlichen demokratischen Grundordnung, die über ein normatives Konzept Politischer Bildung anzustreben wäre. Hier ergibt sich bereits ein Hinweis auf den später zu explizierenden engen Zusammenhang zwischen Politischer Bildung und Demokratieerziehung. *Zweitens* fordert gesellschaftliche Streitbarkeit in ihrer restriktiven Dimension eine Orientierung, die bei der Verteilung der Demokratieschutzkompetenzen in erster Linie den Bürger berücksichtigt. Nicht die staatlichen Organe sondern die aufmerksame Bürgergesellschaft ist der erste Adressat der Streitbaren Demokratie, wenn es darum gehen soll, die obersten Grundsätze der Verfassung zu schützen und zu verteidigen.[25] Stellt man sich die Frage, welche Konsequenzen aus der verfassungsrechtlichen Bedeutung des Konzepts der Streitbaren Demokratie zu ziehen sind, dann erscheinen die in der folgenden Tabelle dargestellten Konkretisierungen nahe liegend:

Tabelle 1: Streitbare Demokratie als Maßstab

„Streitbare Demokratie ist...	*...in erster Linie nicht Staatsschutz„...*	*...sondern Demokratieschutz!"*
...sowohl von der Subjektseite... („Wer schützt"?)	...nicht die Staatsorgane (Polizei, Verfassungsschutzbehörden, Gerichte)	...sondern Volk, Bürger, Wähler!
...als auch von der Objektseite her... („Was wird geschützt"?)	...nicht die konkreten politischen Verhältnisse (Regierungssystem)...	...sondern die obersten konsensfähigen Prinzipien der Demokratie!

---

25 Vgl. Scherb, 1987, S.263f.

1.3 Der „Wille des historischen Verfassungsgebers"

Die aus verfassungsgenetischer Sicht begründete Auffassung, dass die Streitbare Demokratie bei der Verteilung der Schutzaufgaben in erster Linie den Bürger zu berücksichtigen hat, gibt einen Hinweis auf die besondere Bedeutung der Politischen Bildung als Präventivkonzept zur Sicherung der Demokratie. Versteht man also Streitbare Demokratie als normatives, d.h. Sollensansprüche erhebendes Konzept, dann ist die Frage zu beantworten, welche Mindestanforderungen an den *Wertbezug* einer praktischen Umsetzung unter den Voraussetzungen der pluralistischen Gesellschaft gestellt werden müssen. Aus verfassungsgenetischer und aus verfassungsrechtlicher Sicht lassen sich Freiheit und Selbstbestimmung als Mindestanforderung und als unhintergehbare normative Basis begründen. In der Klassifizierung der Selbstbestimmung als „unhintergehbar" scheint jedoch gleichzeitig die bipolare Relation auf, die in der Rechtstheorie als immanente Grundrechtsschranke bezeichnet wird. Diese Bipolarität lässt sich in die Pole

Selbstbestimmung und normative Bindung (als Selbstbeschränkung)

aufspalten. Sie konstituiert ein Spannungsverhältnis, dessen Aufrechterhaltung ein Aufgabenfeld für die Politische Bildung begründet.[26] Für ein normatives Demokratiekonzept in einer pluralistischen Gesellschaft erweisen sich die Geschichtlichkeit und die Kontextualität normativer Bindung als notwendige Konstitutionsbedingungen. Zusammen mit der Möglichkeit des Individuums zu subjektiver Sinngebung bewirken sie das Spannungsverhältnis von Selbstbestimmung einerseits und der Bindung an vorgegebene Werte andererseits. Beide Seiten (Selbstbestimmung und normative Bindung) sind dem historischen Wandel ausgesetzt und verändern sich ständig. Damit stellt sich der hier angenommene Wertbezug als ständige Aufgabe, die Polarität von Selbstbestimmung und Bindung an ein kulturell und historisch entstandenes Werteangebot durch die begründete freie Entscheidung immer wieder zum Ausgleich zu bringen. Die prinzipielle Polarität von Selbstbestimmung und normativer Bindung lässt immer nur einen situativen, vorläufigen Ausgleich zu. Ein minimaler Wertbezug liegt daher in einer Forderung nach *Offenheit, die unhintergehbar* ist.[27] „Offenheit" kann als Chiffre für den gelungenen Aus-

---

26 Vgl. hierzu ausführlich Scherb, 2003, S.49ff.
27 Der Autor ist sich bewusst, dass der hier verwendete Wertbegriff einen eklektischen Zugriff auf seine sehr schillernde Begriffsgeschichte darstellt. Insbesondere glaubt er, in diesem Zusammenhang auf die ökonomischen Dimensionen des Wertbegriffs verzichten zu können, wenngleich z.B. der Marxschen Werttheorie in der Unterscheidung von Gebrauchs- und Tauschwert genau die Subjekt-Objekt-Relation zum Ausdruck zu kommen scheint, die in dem Spannungsverhältnis von Selbstbestimmung und normativer

gleich des Spannungsverhältnisses von Selbstbestimmung und normativer Bindung angesehen werden. Wer Offenheit fordert, kann niemals der Verabsolutierung eines der beiden Pole zustimmen. Die Verwendung des Begriffs *Offenheit* hat darüber hinaus noch einen Vorteil: Dieser Begriff drückt zugleich aus, dass das Spannungsverhältnis nicht abschließend zum Ausgleich gebracht werden kann und eben eine ständige Aufgabe darstellt.

Bindung angelegt ist. So ist im Tauschwert als der objektiven Seite des Wertes eine Nähe zu der von mir so bezeichneten „normativen Bindung" feststellbar. Denn wie die in einer Gesellschaft geltenden Werte nicht die Qualität von ontologischen Wesenheiten haben, so existiert auch der Tauschwert nicht in einem ontologischen Sinne als dingliche Eigenschaft an der Ware, sondern als gesellschaftliches Verhältnis. Den Schein einer dinglichen Eigenschaft benannte Marx mit dem Begriff des Warenfetischismus.(Vgl. Marx, (1867), 1970, S.85ff.) Der hier verwendete kriteriale Wertbegriff steht in der Tradition der Pluralismustheorie, die mit ihren Begründungsanstrengungen die Wertimplikationen einer differenzierten Gesellschaft begrifflich zu fassen versucht, einer Gesellschaft eben, die auf der individuellen Selbstbestimmung beruht, aber dennoch an ihrer Vergesellschaftung in der Form einer politischen Verfasstheit festhält. Wichtig erscheint dabei der Hinweis, dass es hier nicht um eine Begriffsverwendung geht, die sich den materialen Wertethiken zuordnen lässt, wie sie von Max Scheler oder Nicolai Hartmann entwickelt wurden. Der hier verwendete Wertbegriff bewegt sich auch nicht in der Tradition subjektivistischer Wertlehren, die das Wertsein als dezissionistischen Akt des Subjekts betrachten, sondern er ist als kriterialer Wertbegriff das oben bezeichnete Spannungsverhältnis. Vgl. hierzu ausführlich auch Scherb, 2003, S.49ff.

2. Legitimationsprobleme der Streitbaren Demokratie

2.1 Prinzipielle und anwendungsbezogene Geltungszweifel am Konzept der Streitbaren Demokratie

Wie den verfassungshistorischen Überlegungen zu entnehmen ist, stehen Freiheit und Streitbarkeit in einem Spannungsverhältnis, das den Geltungsanspruch der Streitbaren Demokratie unter einen starken Legitimations- und Begründungsdruck setzt. Während sich prinzipielle Geltungszweifel vor allem auf die Frage nach der Legitimation unabänderbarer Verfassungsteile beziehen, richten sich anwendungsbezogene Geltungszweifel auf die Absicherung dieser unabänderbaren Verfassungsteile durch die Bestimmungen der Abwehrbereitschaft und deren praktisch-politische Umsetzung.

2.1.1 Die Diskussion über prinzipielle Geltungszweifel

Prinzipielle Geltungszweifel am Konzept der Streitbaren Demokratie äußern sich in der Bezeichnung der wertgebundenen Demokratie als „Selbstwiderspruch"[28]. Voraussetzung dieser Bezeichnung ist die Rationalisierung der Demokratie von einem Freiheitsbegriff her, der die Frage nach der Entscheidbarkeit praktischer Problem verneint und daher die Forderung nach einer formal-pluralistischen Verfassungstheorie begründet.[29] Aus dem hier implizierten Gedanken der freien Selbstbestimmung des Volkes wird daher häufig der Schluss gezogen, dass die freiheitliche Demokratie ihre Grundlagen von Staats wegen nicht festschreiben und damit jeglicher Änderung entziehen kann.[30] Da die Demokratie ihre Legitimität aus der freiwilligen Zustimmung ihrer Mitglieder ableitet, fällt sie dort hinter ihre Voraussetzungen zurück, wo die Selbstbestimmung des Volkes durch Regelungen begrenzt wird,

---
28 Niclauß, 1974, S.111.
29 So im Ergebnis Dreier, 1977, S.99.
30 Vgl. Ridder, 1984, S.1424f.

die jeder Diskussion entzogen sind. Souverän bleibt das Volk nur dann, wenn Beschränkungen das jederzeit revidierbare Resultat dieser Selbstbestimmung sind. Unvereinbar mit dem hier vorausgesetzten Freiheitsbegriff ist daher schon die Unantastbarkeit der einmal beschlossenen Selbstbeschränkung für die Zeit, in der nur diejenigen betroffen sind, die an dieser Selbstbeschränkung mitgewirkt haben. Umso mehr entbehrt ein Fortgelten der Souveränitätsbeschränkung für nachfolgende Generationen der Legitimität, wenn sie nicht auf der ständigen Erneuerung beruht.[31] Um das Problem zu umgehen, das in dem Spannungsverhältnis von freiheitlicher Demokratie und der Bindung an feste Werte angelegt ist, wird gelegentlich darauf verwiesen, dass der Parlamentarische Rat in seinen Bemühungen, eine wertgebundene Ordnung verfassungsrechtlich auszubuchstabieren, Formulierungen gewählt hat, die wegen ihres Abstraktionsgrades leerformelhaft wirken und deshalb das genannte Spannungsverhältnis erst gar nicht zum Tragen kommen lassen.[32] Am Beispiel der Verfassungsdiskussion über die Wirtschafts- und Sozialordnung wird in diesem Zusammenhang festgestellt, dass der Parlamentarische Rat bewusst auf inhaltliche Festlegungen verzichtet und sich stattdessen auf Verfahrensregelungen öffentlicher Willensbildungs- und Entscheidungsprozesse festgelegt hat.[33] Diesen Versuchen, das o.g. Grundproblem zu umschiffen ist zweierlei entgegenzuhalten:

Erstens scheint die inzwischen sehr umfangreiche Literatur zum Begriff „freiheitliche demokratisch Grundordnung" zu belegen, dass der Parlamentarische Rat sehr wohl bestimmte Zielrichtungen der politischen Entwicklung ausschließen wollte und damit doch – wenn auch weitgehend offene – Wertentscheidungen getroffen hat.

Zweitens muss die Differenzierung von formalen und inhaltlichen Festlegungen zur Begründung einer Wertoffenheit bzw. eines Wertrelativismus im Grundgesetz nach der Konkretisierung der Problematik in Frage gestellt werden: Handelt es sich z.B. bei der Forderung nach Gewaltfreiheit lediglich um ein Formprinzip oder um eine inhaltliche Festlegung? Weiler, der offenbar auch von einer inhaltlichen Festlegung im Zusammenhang mit der Forderung nach Gewaltfreiheit ausgeht,[34] gerät hier zumindest in die Situation, diese Forderung als Ausnahme von der von ihm ansonsten behaupteten Regel, das Grundgesetz treffe keine inhaltlichen Wertentscheidungen, ansehen zu müssen. Daher stellt auch sein Rückgriff auf den Luhmann-Topos „Legitimation durch Verfahren" eine Vereinfachung des Problems

---

31 Vgl. den in diesem Zusammenhang häufig zitierten „Willen zur Verfassung" z.B. bei Denninger, 1979, S.24.
32 Vgl. Weiler, 1980, S.5.
33 Vgl. Weiler, 1980, S.4.
34 Vgl. Weiler, 1992, S.190.

2.1 Geltungszweifel am Konzept der Streitbaren Demokratie 25

dar, die es nur auf einer abstrakten Argumentationsebene gestattet, die Unterscheidung von formalen und inhaltlichen Festlegungen aufrechtzuerhalten. Das Beispiel „Gewaltfreiheit" kann in diesem Zusammenhang zeigen, dass eine Differenzierung von Inhalten und Verfahren als Instrument zur Begründung eines Wertrelativismus im Bonner Grundgesetz kaum haltbar ist. Sowohl in der Staatsrechtslehre als auch in der Politikwissenschaft hat sich die Auffassung etabliert, dass der Parlamentarische Rat mit seiner Entscheidung für eine Unabänderbarkeit der Verfassung in bestimmten Bereichen eine „kopernikanische Wendung"[35] zu einem wertgebundenen Verfassungsdenken vollzogen hat.

2.1.2 Die Diskussion über anwendungsbezogene Geltungszweifel

Die auch aus verfassungsgenetischer Sicht begründete Auffassung zur Wertgebundenheit bezüglich einer Unantastbarkeit der Essentials einer freiheitlichen Demokratie hat eine Strahlungswirkung auf die diese Wertgebundenheit schützenden Elemente der Streitbaren Demokratie. Die instrumentellen Bestandteile des Konzepts, die Treuepflichtbestimmungen und die Bestimmungen zur Abwehrbereitschaft sind in ihrem Geltungsanspruch beschränkt. Deshalb ist strikt zu unterscheiden zwischen dem Geltungsanspruch der Wertgebundenheit einerseits und dem Geltungsanspruch der Treuepflichtbestimmungen und der Bestimmungen zur Abwehrbereitschaft andererseits. Vor allem im Hinblick auf die restriktiven Demokratieschutzbestimmungen (Abwehrbereitschaft), insbesondere den Regelungen zur Grundrechtsverwirkung, zum Vereinsverbot und zum Parteiverbot begründet der Geltungsanspruch der freiheitlichen demokratischen Grundordnung die Auffassung, dass die freiheitliche Demokratie die Grundlagen ihrer Existenz von Staats wegen letztlich kaum sichern kann. Würde sie dies tun, dann verletzte sie ihre eigene freiheitliche Basis. (Böckenförde-Theorem) Diese prinzipiellen Erwägungen wurden in der Geschichte der Bundesrepublik unterschiedlich bewertet. Nachdem es in den Anfangsjahren der Republik sehr ruhig war um die Streitbare Demokratie, beginnt in den Jahren nach 1968 – spätestens im Zusammenhang mit dem Beschlüssen der Regierungschefs des Bundes und der Länder vom 28. Januar 1972 („Radikalenerlass") – eine Diskussion über die Einschätzung des grundgesetzlichen Demokratieschutzkonzeptes, in der die verschiedenen Positionen lediglich in der Feststellung einer *„Krise der Streitbaren Demokratie"*[36] konsentieren. Die

---

35 Stern, 1977, S.468.
36 Jasper, 1978, S.725.

Diagnosen bewegen sich dabei zwischen zwei Polen: Einerseits wird eine Tendenz zum „Überwachungsstaat"[37] konstatiert und die Streitbare Demokratie als „Panzerfaust des Staates"[38] kritisiert, andererseits wird das Schutzkonzept der Verfassung mit „rostigen Schwertern"[39] verglichen und als „ins Museum gestellte Abwehrbereitschaft"[40] tituliert. Hinter diesen Einschätzungen verbergen sich mehr oder weniger dezidierte Auffassungen über die normative Bedeutung der Streitbaren Demokratie. Das im Konzept „Streitbare Demokratie" angelegte Spannungsverhältnis von Freiheit und Streitbarkeit wird in diesen kritischen Diagnosen einmal zur Seite der Freiheit und zum zweiten zur Seite der Streitbarkeit hin – jedenfalls jedoch meistens einseitig und unausgewogen – in Anspruch genommen. Unter den Kritikern der Streitbaren Demokratie hat sich vor allem seit der Studentenbewegung von 1968 ein breites Spektrum entwickelt, das von liberal-demokratischen Positionen bis zu genuin marxistischen Interpretationen der Streitbarkeit als verfassungsrechtliches Instrument der Bourgeoisie zur Verhinderung des makrohistorischen Emanzipationsprozesses der Arbeiterklasse reichte.[41] Im politikwissenschaftlichen Diskurs haben sich seit den 1990er Jahren zwei Richtungen herauskristallisiert. Auf der einen Seite hat sich im Umfeld des von den Extremismusforschern Eckhard Jesse und Uwe Backes 1989 gegründeten Veldensteiner Kreises eine Schule etabliert, die im Grundsatz das Konzept der Streitbaren Demokratie bejaht, indem sie sich um ein ausgewogenes Verhältnis von Freiheit und Streitbarkeit bemüht und mit einem kritischen Blick auf die politische Praxis ein differenziertes Spektrum hinsichtlich der Frage vertritt, in welchem Umfang die restriktiven Regelungen des Konzepts Anwendung finden sollen. Auf der anderen Seite finden sich auch Kritiker des Konzepts Streitbare Demokratie, deren Protagonisten die Auffassung vertreten, dass sich die deutsche Demokratie längst so weit konsolidiert hat, dass der herkömmliche „ideologische" Demokratieschutz obsolet geworden ist. In der Beantwortung der Frage nach dem „Maßstab für ein allgemeines Gesetz staatlichen Handelns wie die Republik verteidigt werden kann, ohne zu ihrer Freiheit in Widerspruch zu geraten", schlagen z.B. Leggewie und Meier deshalb als Eingriffgrenze auch das *Gewaltkriterium* vor.[42] Mit der Forderung den „hiesigen Verfassungsschutz" durch einen „Republikschutz" zu ersetzen, der die „ideologische Fixierung auf den Wertekanon einer ‚freiheitlichen demokratischen Grundordnung'" lösen

---

37 Kutscha, 1981, S.9f.
38 So Walter Jens, zit. bei Fromme, 1982, S.49.
39 Stern, 1977, S.173.
40 Fromme, 1982, S.49.
41 Vgl. z.B. Kutscha, 1979, S.54ff.
42 Vgl. Leggewie/Meier, 1995, S.15f., 18, 249ff.

soll, scheinen die Autoren in dem Spektrum der Stellungnahmen zur Streitbaren Demokratie des Grundgesetzes überdies eine Position zu beziehen, die in ihren politischen Auswirkungen in der Nähe des Weimarer Wertrelativismus verortet werden muss.[43] Der „Republikschutz" nimmt zwar Abschied vom „ideologischen" Konzept der „freiheitlichen demokratischen Grundordnung". Dies soll jedoch nicht ausnahmslos gelten. Leggewie und Meier wollen via Verfassungsänderung zu einer „antinazistischen Grundordnung"[44] gelangen. Eine entsprechende Änderung des Art. 21 (2) sollte lauten:

> „Parteien, deren Mitglieder systematisch die Regeln des friedlichen Meinungskampfes verletzen und dadurch gegen Strafgesetze verstoßen, sind zu verbieten."

Insoweit folgt die Formulierung dem neuen Republikschutzkonzept, das auf das Gewaltkriterium abhebt. Darüber hinaus geht jedoch der antinazistische Zusatz:

> „Die Neugründung der NSDAP in jeglicher Form ist verboten. Dies gilt auch für Parteien, die ausdrücklich an die Ziele der NSDAP anknüpfen, insbesondere deren Antisemitismus propagieren."[45]

Mit dieser Vorverlagerung staatlicher Abwehrbereitschaft in den Bereich der Ziele greifen Leggewie und Meier jedoch zurück auf das Präventivkonzept der Streitbaren Demokratie. Ihr Republikschutzkonzept unterscheidet sich allerdings vom Schutzkonzept des Grundgesetzes durch eine einseitige Ausrichtung. Während die Streitbare Demokratie antitotalitär zu verstehen ist, propagieren Leggewie und Meier ein lediglich auf den Antinazismus hin ausgerichtetes präventives Schutzkonzept. Sie nehmen daher eine einseitige Politisierung der Streitbaren Demokratie vor, die weder durch die verfassungspolitischen Diskussionen der Nachkriegszeit noch durch die dominierende Lehre im Staatsrechtsdiskurs gedeckt ist.

2.2 Legitimationskonzepte der Streitbaren Demokratie

Vor allem die (bereits in der Verfassungsgebung geäußerten) prinzipiellen Geltungszweifel haben der Politikwissenschaft wie der Staatsrechtslehre Anlass gegeben, die Legitimationsbasis der Streitbaren Demokratie zu thematisieren, um die Vereinbarkeit von Freiheit und Streitbarkeit zu begründen. Zwei „klassische" Legitimationskonzepte, die sich an die historischen Erfahrungen des Übergangs von der

---

43 Vgl. Scherb, 1996b, S.257ff. mit Bezug auf Leggewie/Meier, 1995, S.323.
44 Leggewie/Meier, 1995, S.308 u. 336.
45 Leggewie/Meier, 1995, S.317.

Weimarer Demokratie zum Nationalsozialismus anschließen, sind in der Politikwissenschaft Ernst Fraenkels neopluralistische Begründung eines Fundamentalkonsenses und in der Staatsrechtslehre Martin Krieles Theorie vom demokratischen Verfassungsstaat.

2.2.1 Pluralismus und Fundamentalkonsens

In der Pluralismustheorie der Nachkriegszeit wird die Vereinbarkeitsthese v.a. mit der Annahme eines Fundamentalkonsenses begründet. Als wissenschaftstheoretische Voraussetzung der pluralistischen Demokratie gilt dabei das Konzept eines (Erkenntnis)-Relativismus. Da absolute Wahrheitsansprüche politischer Entscheidungen abgelehnt werden, scheint „Irrtum zu einer essentiellen Komponente menschlicher Erkenntnis zu (werden), der nie (...) völlig ausgerottet werden kann".[46] Aus diesem Relativismus leitet sich zunächst die legitime Existenz der verschiedenen politischen Interessen und Meinungen ab. Wenn jedoch in der politischen Theorie der Nachkriegszeit die individuelle Freiheit zur Interessensvertretung eine naturrechtliche Begründung erfährt, werden immanente Grenzen der Interessensvertretung darin deutlich, dass das pluralistische Zugeständnis individueller oder gruppenmäßiger Interessensvertretung immer unter dem Vorbehalt gilt, dass dasselbe Recht auch allen anderen gesichert bleibt. Die Fraenkel-Metapher vom Gemeinwohl als „Resultante, die sich jeweils aus dem Parallelogramm der ökonomischen, sozialen, politischen und ideologischen Kräfte (...) ergibt"[47], steht somit unter dem Vorbehalt einer gerechten politischen Ordnung. In diesem Zusammenhang werden auch Grenzen des Mehrheitsprinzips deutlich. Das Recht des anderen, seine Interessen wahrzunehmen, stellt immer eine Grenze des Mehrheitswillens dar, der die strukturelle Offenheit politischer Entscheidungsfindung nicht beeinträchtigen darf.[48] Dies wird in folgender paradigmatischen Grundlegung des Fundamentalkonsenses in der pluralistischen Demokratie deutlich:

> „Die für den Pluralismus kennzeichnende Vorstellung, dass das Gemeinwohl nur verwirklicht werden kann, wenn unter Berücksichtigung der fundamentalen regulativen Ideen der Gerechtigkeit und Billigkeit den Gruppenwillen die Gelegenheit eröffnet wird, an dem automatischen Prozess der staatlichen Willensbildung teilzunehmen, ist nur dann sinnvoll, wenn die Verfahrens- und materiell-rechtlichen Normen unverbrüchlich eingehalten werden, die berufen sind, diese Willensbildung zu regeln."[49]

---

46 Spinner, 1974, S.50.
47 Fraenkel, 1974, S.21.
48 Vgl. Guggenberger, 1984, S.189f.
49 Fraenkel, 1974, S.220.

2.2 Legitimationskonzepte der Streitbaren Demokratie

In dieser politikwissenschaftlichen Begründung unabänderbarer Werte in der freiheitlichen Demokratie werden allerdings die Begründungsmöglichkeiten eines erfahrungswissenschaftlichen Ansatzes – wie er dem Werk von Ernst Fraenkel zu Grunde liegt – bei weitem überschritten. Während die Existenz verschiedener Interessen, die um die Durchsetzung ökonomischer oder politischer Ziele miteinander konkurrieren empirisch ohne weiteres nachgewiesen werden kann, ist der Verzicht der gesellschaftlichen Kräfte auf eine absolute Interessensdurchsetzung nur ex post aus dem Faktum analog erschließbar, dass eine pluralistische Gesellschaft mit ihren sich oft wechselseitig ausschließenden Interessen weiterexistiert. Dass die freiheitlich-pluralistische Demokratie auf dem Verzicht auf die äußerste Durchsetzung der Interessen und somit auf der Anerkennung bestimmter Grundwerte beruht, ist nur in dem Sinne deduzierbar, wonach die gesellschaftlichen Kräfte zum Zeck der Aufrechterhaltung einer Ordnung, in der sie weiterhin ihre Interessen verfolgen können, auf die letzte Interessensdurchsetzung verzichten und ein Set von Spielregeln beachten, zu deren wichtigste der Gewaltverzicht und der Kompromiss gehören. Diesem Verzicht, der von den (Neo)plura-listen der Nachkriegszeit als „Fundamentalkonsens" bezeichnet wurde, entspricht die verfassungsrechtliche Festlegung auf eine wertgebundene Demokratie.[50]

2.2.2 Die Theorie vom demokratischen Verfassungsstaat

Während einerseits Bestrebungen dahin gehen, den erkenntnistheoretischen Relativismus, mit dem schon die Wertneutralität der Weimarer Reichsverfassung begründet wurde,[51] unter dem Eindruck der nationalsozialistischen Diktatur weiterzuentwickeln, bezieht sich ein anderer Ansatz zur Grundlegung der Wertgebundenheit der Demokratie auf die eher angelsächsischer Tradition verpflichtete Theorie des demokratischen Verfassungsstaates. Dort wird die der Identitätsdemokratie innewohnende Idee von der absoluten Selbstbestimmung durch die Reflexion ihrer Realisierungsbedingungen korrigiert, um das Paradoxon der „Aufhebung der Selbstbestimmung vermittels der Idee der Selbstbestimmung"[52] zu verhindern. Die optimistische Würdigung des Mehrheitswillens, der nie verfassungswidrig, d.h. auch nie demokratiewidrig sein konnte[53], musste angesichts der formal legalen Machter-

---

50 Vgl. Steffani, 1989, S.40ff.
51 Vgl. Radbruch, 1932, S.84.
52 Kriele, 1975, S.239.
53 Vgl. Richard Thoma, zit. nach Jasper, 1965, S.15.

greifung der Nationalsozialisten mit der Verabschiedung des Ermächtigungsgesetzes von 1933 einem „Mut zur Intoleranz gegenüber den Feinden der Freiheit" weichen, „wobei man gegebenenfalls bereit sein muss, die Freiheit sogar gegen die Mehrheit des Volkes zu verteidigen, wenn diese bereit sein sollte, auf Freiheit und Vernunft zu verzichten und in einer ideologisch verführten Masse zu versinken."[54] Konsensfähig erschien die Auffassung, dass „die Mehrheit eines Augenblicks nicht befugt sein sollte, zukünftigen Mehrheiten das Recht auf Selbstbestimmung zu nehmen."[55] Diese vermeintliche Durchsetzung der Freiheit legitimiert sich im Konzept des demokratischen Verfassungsstaates durch die Differenzierung des Begriffs der Volkssouveränität in den allein im Akt der Verfassungsgebung aktiven Souverän, den Pouvoir constituant und in das Resultat dieses Aktes dem Pouvoir constitué, in dem die Souveränität des Volkes in dem Norm gewordenen Willen des Verfassungsgebers gleichsam erlischt.[56] Allerdings ist die Auffassung, dass die Mehrheit eines Augenblick zukünftigen Mehrheiten die Selbstbestimmung nicht nehmen darf, durchaus einer gegenteiligen Interpretation zugänglich. Der Versuch, unter Bezugnahme auf die nationalsozialistische Machtergreifung die Vereinbarkeit von freiheitlicher Demokratie und unabänderbaren Werten historisch zu begründen, kann unter anderen meta-theoretischen Voraussetzungen eine Interpretation entgegengehalten werden, die gerade die Unhaltbarkeit von Festlegungen begründet, mit denen die Souveränität des Volkes Beschränkungen unterworfen wird.[57] Diese Interpretation verweist wiederum zurück auf die Behauptung eines „Selbstwiderspruchs" im Konzept der Streitbaren Demokratie.

2.2.3 Politisch-philosophische Fundierungen

Diese Begründungen für eine Vereinbarkeit von Freiheit und Streitbarkeit verweisen auf unterschiedliche philosophische Fundamente. So kann gefragt werden, ob die Streitbare Demokratie ihren Geltungsanspruch aus ihrer verfassungsrechtlichen Verankerung, also aus dem politischen Gestaltungswillen des demokratisch legitimierten Verfassungsgebers ableitet (Pouvoir constitué) oder ob die verfas-

---

54 So Leibholz, 1974, S.68.
55 v. Kielmannsegg, 1979, S.44.
56 Vgl. ausführlich Kriele, 1975, S.226. Krieles Position hat eine kommunikationstheoretische Basis und unterliegt daher den Kritiken, die gegenüber der Kommunikationstheorie als Demokratietheorie überhaupt vorgetragen werden können. Vgl. hierzu ausführlich Scherb, 2003, S.59ff.
57 Vgl. Jahrreis, 1950, S.89.

2.2 Legitimationskonzepte der Streitbaren Demokratie

sungsrechtliche Verankerung der Streitbaren Demokratie selbst nur deklaratorischer Ausdruck eines bereits vor der Entscheidung des historischen Verfassungsgebers geltenden Wertkonzepts (naturrechtlich begründeter Fundamentalkonsens) ist. Je nachdem, welcher der beiden Auffassungen man zugeneigt ist, ergeben sich für die Streitbare Demokratie unterschiedliche Begründungen. Das erste Begründungskonzept mündet in die verschiedenen Formen des *Konventionalismus*, das zweite Begründungskonzept verweist auf eine *ontologische* Richtung. Grundlage der folgenden Erörterung ist dabei die These, dass beide Richtungen *zusammen* ein aufeinanderbezogenes bipolares Begründungskonzept konstituieren, welches die relativistischen Gefahren jedes der beiden isoliert in Geltung gebrachten Begründungskonzepte minimieren kann. Ergibt sich die relativistische Gefahr beim Konventionalismus aus der Unmöglichkeit auszuschließen, dass das souveräne Volk via Mehrheitsbeschluss oder sonstigen Formen der Entscheidungsbildung darüber konvenieren kann, selbst die eigene Souveränität zur Disposition zu stellen,[58] so begibt sich ein einseitig ontologisches Konzept auf dem Umweg über die Interpretation in die Gefahr des Relativismus. Die so bezeichnete „sprachpragmatische Wende" in der Philosophie (*linguistic turn*) hat in diesem Zusammenhang deutlich gemacht, dass Entscheidungen nicht auf der Ebene der Dinge oder Sachen fallen, sondern auf der Ebene der Sprache. Es muss also immer *jemanden* geben, der das, was unverbrüchlich gelten soll, erkennt, benennt und interpretiert. Wer könnte jedoch garantieren, dass der Erkennende, der Benennende, der Interpret nicht wieder derjenige ist, der alle anderen glauben machen kann, dass er allein den Zugang zur „Vorsehung" hat und sich dementsprechend als dezisionistischer Interpret des Naturrechts eben über dieses hinwegsetzt? Die Defizite beider Richtungen als ausschließliche Begründungskonzepte münden in die Überzeugung, dass für die Begründung eines Geltungsanspruchs für die Streitbare Demokratie die Aufeinanderbezogenheit und wechselseitige Durchdringung von konventionalistischer Begründung einerseits und ontologischer Begründung andererseits unverzichtbar ist. Weder der souveräne Mehrheitswille (konventionalistische Richtung) noch das klassische Naturrecht (ontologische Richtung) erscheinen daher als allein hinreichende Begründungskonzepte.[59]

In der Staatsrechtslehre hat die Renaissance des Naturrechts nach dem zweiten Weltkrieg, verursacht durch die Erfahrungen des Weimarer Rechtspositivismus,

---

58 Das Ermächtigungsgesetz wird in diesem Zusammenhang als historisches Damoklesschwert einer missbrauchten konventionalistischen Verfassungskonzeption angesehen. Vgl. Scherb, 2003, S.66 m.w.N.
59 Vgl. Scherb, 2003, S.49ff.

mittlerweile längst von einem Neopositivismus Konkurrenz erhalten, der sich von einem inhaltlichen Richtigkeitskriterium distanziert. Da es nun einerseits kein Zurück mehr geben kann hinter den Kritizismus von Kant, da aber andererseits der Neopositivismus in der Gefahr steht auch einer formell korrekt erzeugten „lex corrupta" Rechtsqualität zuzuerkennen, scheint ein dritter Weg jenseits von Positivismus und Naturrecht geboten.[60] Die Überwindung der Dichotomie von konventionalistischen Grundlegungen einerseits und ontologischen Grundlegungen andererseits, die sich auch in der (vermeintlichen) Antinomie zwischen Positivismus- und Naturrechtsbezug manifestiert, ist deshalb in der modernen Pluralismustheorie und damit auch für ein Begründungskonzept der Streitbaren Demokratie ein wichtiges Desiderat.[61] In der Staatsrechtslehre hat sich mittlerweile die Aufhebung dieser Dichotomie in der sogenannten Radbruch-Formel als Grundlage der Rechtsprechung des Bundesverfassungsgerichts etabliert.[62]

> „Der Konflikt zwischen der Gerechtigkeit und der Rechtssicherheit", (der synchron verläuft zum Konflikt zwischen normativ-ontologischer und konventionalistischer Begründung; A.S.) dürfte dahin zu lösen sein, dass das positive durch Satzung und Macht gesicherte Recht auch dann den Vorrang hat, wenn es inhaltlich ungerecht und unzweckmäßig ist, es sei denn, dass der Widerspruch des positiven Gesetzes als ‚unrichtiges Recht' der Gerechtigkeit zu weichen hat. Es ist unmöglich, eine schärfere Linie zu ziehen zwischen den Fällen des gesetzlichen Unrechts und den trotz unrichtigen Inhalts dennoch gültigen Gesetzen; eine andere Grenzziehung aber kann mit aller Schärfe vorgenommen werden: Wo Gerechtigkeit nicht einmal erstrebt wird, wo die Gleichheit, die den Kern der Gerechtigkeit ausmacht, bei der Setzung positiven Rechts bewusst verleugnet wurde, da ist das Gesetz nicht etwa nur ‚unrichtiges Recht'. Vielmehr entbehrt es überhaupt der Rechtsnatur. Denn man kann Recht, auch positives Recht, gar nicht anders definieren denn als eine Ordnung, die dem Sinn nach bestimmt ist der Gerechtigkeit zu dienen."[63]

Die Radbruch-Formel verweist mit ihrem Versuch die Dichotomie von Konventionalismus und Ontologie bzw. von Positivismus und Naturrecht zu überwinden auf einen pragmatischen Ausweg hin. Dieser kann in einer handlungstheoretischen Position liegen, die inhaltlich die dilatorische Identifizierung der Bedingungen favorisiert, unter denen ein rationaler Diskurs weiterhin möglich ist. Statt einer Antwort auf die Frage, ob wissenschaftstheoretische Fragen (z.B. Konventionalismus

---

60 Vgl. Kaufmann, 1991, S.3.
61 Vgl. Solzbacher, 1994, S.283.
62 Vgl. zur Bedeutung der Radbruch-Formel in der Rechtsprechung des Bundesverfassungsgerichts Schwill, 2002, S.79ff.
63 Radbruch-Formel zit. nach Kaufmann, 1991, S.10f. Solzbacher, 1994, S.325ff. begründet hieraus die keineswegs als Affirmation interpretierbare pädagogische Aufgabe der „Legitimation von Legalität".

2.2 Legitimationskonzepte der Streitbaren Demokratie

versus Ontologie) oder auch praktisch-politische Probleme (Frage nach der „richtigen" Ordnung) analytisch entscheidbar sind, um dann die Grundlegung von Werten anzugehen, scheint ein Ausweg auf einer anderen Ebene sich zumindest vorläufig anzubieten.[64] Der Verzicht auf eine Stellungnahme zur Frage der analytischen Entscheidbarkeit über die Richtigkeit der verfassungsrechtlichen Kodifizierung von Werten führt zur pragmatischen Forderung nach Offenhaltung der Entscheidungsmöglichkeiten als Grundwert der freiheitlichen Demokratie.[65] Diese pragmatische Schlussfolgerung, eine formal-pluralistische Verfassungstheorie solange wie möglich aufrechtzuerhalten, trifft sich jedoch im Ergebnis auch mit der wertabsolutistischen Argumentation, die an den Grenzen sogar restriktiven Demokratieschutz anerkennt.

---

64 Vgl. Dreier, 1977, S.98f. Grundlegend in diesem Zusammenhang ist z.B. die Arbeit von Alexy, 1983, mit einer Analyse der argumentations- und handlungstheoretischen Positionen von Toulmin, Habermas, Lorenzen/Schwemmer u.a.
65 Vgl. Spinner, 1974, S.104ff. Ähnlich Luhmann, 1975, S.42. Der hier aufscheinende Pragmatismus wird an späterer Stelle als mögliches Metakonzept einer normativen Politikdidaktik weiter expliziert. Vgl. auch Scherb, 1996a, S. 173ff.

3. Streitbare Demokratie und politische Praxis

Nach einer kontrovers geführten Diskussion hatte sich im Herbst 2000 bei den antragsberechtigten Staatsorganen die Auffassung durchgesetzt, dass die Voraussetzungen für die Feststellung der Verfassungswidrigkeit der NPD gegeben sind. Die Bundesregierung hat deshalb Ende Januar 2001 einen Verbotsantrag beim Bundesverfassungsgericht gestellt. Bundestag und Bundesrat haben sich diesem Antrag angeschlossen. Nach geltendem Recht kann eine Partei auf Antrag von Bundestag, Bundesrat und/oder Bundesregierung vom Bundesverfassungsgericht für verfassungswidrig erklärt werden. Die Feststellungsentscheidung des Gerichts führt automatisch zum Verbot. Dabei stellt sich zunächst die Frage, wann eine Partei als verfassungswidrig gelten kann. Artikel 21 gibt hier die Auskunft, dass eine Partei verfassungsfeindliche Ziele („darauf ausgehen") verfolgen muss. Solche Ziele liegen vor, wenn sich eine Partei gegen die „freiheitliche demokratische Grundordnung" richtet. Im Verbots-Urteil gegen die Sozialistische Reichspartei von 1952 hat das Bundesverfassungsgericht diese Ordnung wie folgt definiert:

> „Zu den grundlegenden Prinzipien dieser Ordnung sind mindestens zu rechnen: die Achtung vor den im Grundgesetz konkretisierten Menschenrechten, vor allem vor dem Recht der Persönlichkeit auf Leben und freie Entfaltung, die Volkssouveränität, die Gewaltenteilung, die Verantwortlichkeit der Regierung, die Gesetzmäßigkeit der Verwaltung, die Unabhängigkeit der Gerichte, das Mehrparteienprinzip und die Chancengleichheit für alle politischen Parteien mit dem Recht auf verfassungsmäßige Bildung und Ausübung einer Opposition."[66]

Im KPD-Urteil von 1956[67] hat das Gericht die Sanktionshürde noch höher gelegt. Zu den verfassungsfeindlichen Zielen muss zusätzlich eine „kämpferisch-aggressive Haltung" hinzukommen, mit der eine Partei diese Ziele verfolgt. Erst wenn beide Voraussetzungen erfüllt sind, kann das Gericht die Verfassungswidrigkeit feststellen. Mit der Agitation gegen die Demokratie des Grundgesetzes, fremdenfeindlichen, rassistischen und antisemitischen Äußerungen in Publikationen, mit der Relativierung der NS-Diktatur und dem Bestreiten historischer Tatsachen

---

66 BVerfGE, 2, 12f. („SRP-Urteil")
67 Vgl. BVerfGE 5, 85ff.

("Auschwitzlüge") kommt vieles zusammen, was nach verbreiteter Auffassung den Nachweis ermöglicht, dass die NPD verfassungsfeindliche Ziele verfolgt. Auch für eine „kämpferisch-aggressive Haltung" gibt es zahlreiche Belege.[68] Nur vereinzelt bestehen Zweifel, dass das vorliegende Datenmaterial einen Antrag ausreichend begründen kann. Die öffentliche Diskussion rankt sich jedoch weniger um die Frage, ob die Voraussetzungen für die Feststellung der Verfassungswidrigkeit gegeben sind. Nachdem ein Einschreiten gegen Rechts eigentlich einen weitgehenden gesellschaftsübergreifenden politischen Konsens widerspiegelt, verursacht v.a. die geltende rechtliche Regelung, die die Feststellung der Verfassungswidrigkeit automatisch mit dem Verbot verknüpft, eine Diskussion über das mögliche NPD-Verbot. Die eher demokratietheoretisch motivierte Kontroverse entfaltet sich vor allem im Hinblick auf die Frage nach der Gefahreneinschätzung und der Frage der Erforderlichkeit des Verbots. *(Ist ein Verbot notwendig zum Schutz der Demokratie?)* Die Diskussionen offenbaren dabei indirekt ein prinzipielles Nachdenken über das Verhältnis von freiheitlicher Demokratie und Parteiverbot. Kaum einmal wird dabei die Auffassung propagiert, die Feinde der Demokratie könnten von der Demokratie überhaupt keine Toleranz erwarten. Reflexionen über das Verhältnis von Streitbarkeit und Demokratie binden staatliche Restriktionen vielmehr an das Freiheitspostulat. Sie münden in die Auffassung, dass die liberale Demokratie ein Stück weit auch mit ihren Feinden leben muss. *Staatliche* Eingriffe gegen verfassungsfeindliche Parteien sollen dementsprechend an eine *aktuelle Gefährdung der Demokratie* gebunden sein oder zumindest erst dann erfolgen, wenn eine Gefährdung unmittelbar bevorsteht.[69] Verschafft man sich einen Überblick über das Spektrum der Meinungen, so ist man geneigt, ein Übergewicht derjenigen Stimmen zu registrieren, die einem Verbot der NPD eher skeptisch gegenüberstehen. Berücksichtigt man die quantitativ schwächer vertretene Gegenposition in der Kontroverse, die ein Verbot fordert, so besteht Anlass, die Ursache für die aktuelle Kontroverse zu identifizieren, bevor wieder einmal eine allgemeine Diskussion über die Streitbare Demokratie auflebt, die nur in einem Punkt konsentiert, nämlich in der Feststellung einer „(Dauer)Krise"[70].

---

68 Details finden sich in der Begründung des Antrags durch die Bundesregierung unter www.extremismus.com/dox/gruende/pdf.
69 Diese demokratietheoretischen und verfassungsrechtlichen Erwägungen findet man z.B. bei Klingst, 2000, S.13.
70 Der Krisentopos hat seit der Diskussion über das Problem „Extremismus und öffentlicher Dienst" Konjunktur. Vgl. für diese Zeit v.a. Jasper, 1978, S.725ff. Zuletzt jedoch Altenhof, 1999, S.165ff.

3.1 Streitbare Demokratie zwischen Legalität und Opportunität

In der Startphase der Republik stand das Legalitätsprinzip im Mittelpunkt einer Anwendung der Streitbaren Demokratie. Im sogenannten „Adenauer-Erlass" vom 19.9.1950 wurden Organisationen und Parteien aufgelistet, die nach Auffassung der Bundesregierung als Gegner der „freiheitliche(n) demokratischen Grundordnung" anzusehen waren. Auf dieser Liste standen u.a. die rechtsextreme SRP und die KPD. Der Erlass sah für Beamte, die Mitglieder in einer dieser Organisationen waren, „unnachsichtlich die sofortige Entfernung aus dem Bundesdienst"[71] vor. In dieser Konsequenz hat die Bundesregierung im Herbst 1950 beim Bundesverfassungsgericht auch das Verbot der beiden im Adenauer-Erlass genannten Parteien beantragt. Beide Parteien sind verboten worden. Blickt man zurück, so kann gesagt werden, dass verfassungsfeindliche Parteien bislang niemals eine echte Gefährdung der politischen Ordnung in der Bundesrepublik darstellen konnten. Deshalb war das Parteiverbot eigentlich immer als zu weitgehende Reaktion erachtet worden. Nur so ist auch erklärbar, warum sich bereits in den 1950er Jahren das Bundesverfassungsgericht so zögerlich mit dem Parteiverbotsverfahren gegen die KPD auseinander gesetzt hat. Während beim Verfahren gegen die Sozialistische Reichspartei allen Beteiligten noch die kaum überwundene nationalsozialistische Katastrophe im Nacken saß und dies sehr schnell zu einem Abschluss des Verfahrens führte, ohne dass von der SRP eine konkrete Gefahr ausging, konnten beim Verfahren gegen die KPD – zumindest noch in der Startphase des Kalten Krieges – Überlegungen der Gefahrenabwehr hintergründig eine Rolle spielen. Zwar hat das Gericht in dieser Hinsicht keinen Ermessensspielraum, wenn der Antrag einmal gestellt ist, doch kann die zögerliche Behandlung des Antrags als Indiz dafür gelten, dass sich hinter den rechtlich feststehenden Kompetenzen des Gerichts und seiner Pflicht, eine reine Rechtsfrage zu entscheiden, doch Überlegungen zur Erforderlichkeit eines KPD-Verbots bemerkbar gemacht haben. Insofern darf vermutet werden, dass der KPD-Prozess einen Wandel in der praktischen Bedeutung der Streitbaren Demokratie vom Legalitäts- zum Opportunitätsprinzip initiiert hat.[72] Folgt man dieser Interpretation, dann muss man konzedieren, dass Annäherungen an das Opportunitätsprinzip zunächst vor dem Hintergrund der Gefahreneinschätzung und der Erforderlichkeit erfolgt sind. Später jedoch, als in der Mitte der 1950er Jahre die Bundesregierung auf eine Entscheidung in dem sich dahinschleppenden KPD-Verfahren drängte, hat wohl eher eine strategische Inanspruchnahme des

---

71 Beschluss der Bundesregierung v. 19.9.1950, abgedruckt bei Scherb, 1987, S.299.
72 Vgl. Kirchheimer, 1981, 233ff.

Opportunitätsprinzips Platz gegriffen. So stellt Kirchheimer das Verbot der KPD von 1956 in den historisch-politischen Kontext des sich verschärfenden Ost-West-Gegensatzes und des außenpolitischen Kalküls der Bundesregierung.[73]

Als nach den 1950er Jahren das Legalitätsprinzip vom Opportunitätsprinzip abgelöst wurde, ging dies einher mit einem Verzicht auf eine Anwendung des Artikel 21(2) GG. Dies führte häufig zu dem Lamento über ein außer Kraft gesetztes Abwehrkonzept des Grundgesetzes.[74] Im Zusammenhang mit der Problematik „Extremismus und öffentlicher Dienst" wurde in den 1970er Jahren die Befürchtung begründet, dass sich ein „derogierendes Verfassungsgewohnheitsrecht" auf Nicht-Anwendung des Art. 21(2) GG entwickeln würde.[75] Trotzdem wurde daraus eigentlich niemals die Forderung abgeleitet, das Abwehrinstrument des Parteiverbots häufiger einzusetzen.

Im Gegenteil: In weiter Auslegung des Opportunitätsprinzips hat die „gefahrenorientierte" Interpretation der Streitbaren Demokratie seit den 1970er Jahren eine Kritikrichtung entwickelt, die sich – wenn überhaupt – nur dann mit dem Gedanken an Demokratieschutz anfreunden kann, wenn restriktive staatliche Reaktionen gegenüber extremistischen Parteien erst beim Überschreiten der Gewaltgrenze in Erwägung gezogen werden. Eine Vorverlagerung der Abwehr in den Bereich von politischen Zielen wurde daher als „ideologischer Staatsschutz"[76] kritisiert, der aus der Sicht der Kritiker Anlass gibt, „im freiheitlichen demokratischen Nebel ‚verfassungswidriger' oder ‚verfassungsfeindlicher' Ziele und Gesinnungen herumzustochern"[77]. Wenn allerdings der demokratische Rechtsstaat keine politischen Ziele verfolgen, sondern sich auf die strafrechtliche Verfolgung von Gewalttaten beschränken soll,[78] dann stellt dies eine Gefahrenorientierung dar, die in den Versuch mündet, ein Wesenselement der Streitbaren Demokratie, nämlich die Vorverlagerung der Abwehr in den Bereich von politischen *Zielen*, in Frage zu stellen. In letzter Konsequenz ist die Forderung, Verfassungsfeinden nur mit strafrechtlichen Mitteln zu begegnen, eine Forderung zur Abschaffung der Streitbaren Demokratie.

---

73 Vgl. Kirchheimer, 1981, S.233f.
74 Vgl. Fromme, 1982, S.89 oder Mandt, 1978, S.14, die in Anlehnung an Walter Badgehot von einem „dignified part of the constitution" spricht.
75 Vgl. Oppermann, 1975, S.23.
76 Vgl. Hase, 1981, S.69ff.
77 Leggewie/Meier, 1995, S.18. Vgl. auch ebd. S.249ff. Ähnlich bereits Hase, 1981, S.69ff. Vgl. in diesem Zusammenhang Kutscha, 1978, S.113 mit dem Versuch, die Tatbestände des Art. 21 (2) GG im Bereich von verfassungswidrigen Methoden zu konkretisieren.
78 Vgl. Leggewie/Meier, 1995, S.249f.

3.2 Das strukturelle Dilemma der Streitbaren Demokratie

In der Diskussion über das NPD-Verbot zeigt sich nun, dass die Ablösung des Legalitätsprinzips durch das Opportunitätsprinzip nicht ausreicht, um die Streitbare Demokratie aus der Schusslinie zu nehmen. Das Legalitätsprinzip konnte noch Anlass zu der Forderung geben, dass die Demokratie die Frage, wie sie mit ihren entschiedenen Gegnern umgehen soll, nicht als „kalte" Rechtsfrage behandeln darf, die nach dem Grundsatz verfährt, immer wenn Verfassungswidrigkeit attestiert werden kann, muss der Staat einschreiten. Das Opportunitätsprinzip hat einen flexibleren Umgang mit den Gegnern der Demokratie ermöglicht und dabei der geistig-politischen Auseinandersetzung mehr Raum gegeben.[79] Verhindern konnte das Opportunitätsprinzip dennoch nicht, dass die Streitbare Demokratie in der NPD-Verbotsdiskussion im Herbst 2000 wiederum unter Beschuss geraten ist. Bei genauerer Betrachtung lässt sich jedoch feststellen, dass die Kritik eigentlich nicht das Prinzip an sich trifft, sondern seine rechtlich Ausgestaltung. Denn: Zu einem nicht unerheblichen Teil wird diese Kritik durch den unflexiblen Abwehrmechanismus der Streitbaren Demokratie selbst verursacht. Der für die Abwehr von extremistischen Parteien relevante Artikel 21 Absatz 2 des Grundgesetzes lautet:

> „Parteien, die nach ihren Zielen oder dem Verhalten ihrer Mitglieder darauf ausgehen, die freiheitliche demokratische Grundordnung zu beeinträchtigen oder zu beseitigen oder den Bestand der Bundesrepublik Deutschland zu gefährden, sind verfassungswidrig. Über die Frage der Verfassungswidrigkeit entscheidet das Bundesverfassungsgericht."

Leitet eines der antragsberechtigten Staatsorgane (Bundestag, Bundesrat und Bundesregierung) für sich allein oder in Übereinstimmung mit anderen Organen das Verfahren nach Artikel 21 (2) GG ein und stellt das Bundesverfassungsgericht die Verfassungswidrigkeit einer Partei fest, so ist nach § 46 des Bundesverfassungsgerichtsgesetzes hieran zwingend das Verbot der Partei geknüpft.[80] Dies bedeutet die Auflösung der Organisation und in der Regel die Einziehung des Parteivermögens.

Wie gezeigt wurde, führte diese rechtliche Regelung in der Praxis immer schon zu einer Kritik, die sich auch in der Diskussion über das NPD-Verbot manifestierte. Für ein Einschreiten gegen Rechts – insbesondere gegen die NPD – war im Herbst

---

79 Vgl. Altenhof, 1999, S.165ff. (169).
80 § 43 Absatz 3 BverfGG: „Mit der Feststellung ist die Auflösung der Partei oder des selbständigen Teils der Partei und das Verbot, eine Ersatzorganisation zu schaffen, zu verbinden."

2000 ein breiter politischer Wille feststellbar. Nicht in gleichem Maße gewollt war jedoch der als unverhältnismäßig empfundene Einsatz der scharfen Waffe des Parteiverbots. Dieses Übermaß muss jedoch in Kauf genommen werden, wenn man überhaupt restriktive staatliche Maßnahmen gegenüber einer extremistischen Partei ergreifen will. Der langjährige Verzicht auf eine Antragstellung beim Bundesverfassungsgericht war nicht zuletzt immer auch der Scheu vor dem Einsatz dieser scharfen Waffe des Verbots geschuldet. In Kauf genommen wurde in diesem Fall allerdings auf der anderen Seite, dass eine Partei, die (vermutlich) verfassungsfeindliche Ziele verfolgt und dabei eine „aggressiv-kämpferische" Haltung an den Tag legt, auch noch staatlicherseits auf finanzielle Unterstützung zählen konnte. Weil die Feststellung der Verfassungswidrigkeit einer Partei durch das Bundesverfassungsgericht in ihrem Charakter eine konstitutive Entscheidung darstellt, können aus der nachweisbaren verfassungsfeindlichen Zielsetzung einer Partei und ihrer „kämpferisch-aggressiven" Haltung ohne vorherige Feststellungsentscheidung keine Rechtsfolgen abgeleitet werden.[81] Somit gehört es zur Schutzgarantie des Parteienprivilegs, dass eine Partei, die verfassungsfeindliche Ziele verfolgt, bei entsprechendem Wahlerfolg sowohl in den Genuss der Wahlkampfkostenerstattung, als auch der indirekten staatlichen Finanzierung über die steuerliche Abzugsfähigkeit von Spenden gelangt.[82]

In dieser dilemmatischen Situation hatten die verantwortlichen Politiker in der Frage, wie man mit der NPD umgehen soll, lediglich die Möglichkeit, zwischen ihren Kritikern wählen zu können.[83] Offensichtlich wird hier eine Reaktionslücke im Instrumentarium der Streitbaren Demokratie. Diese Lücke klafft zwischen dem Verbot auf der einen Seite und dem Gewährenlassen verfassungsfeindlicher Parteien auf der

---

81   Vgl. BVerfGE, 12, S.304f. Vgl. Theodor Maunz, 1960, S.43 Rdnr. 121. Später – im sogenannten Extremistenbeschluss – hat das Bundesverfassungsgericht seine Haltung in diesem Punkt relativiert und die Praxis des „Extremistenbeschlusses", wonach die Mitgliedschaft in einer für verfassungsfeindlich gehaltenen aber nicht verbotenen Partei durchaus herangezogen werden konnte, um den Einstellungsantrag eines Bewerbers für den öffentlichen Dienst abschlägig zu bescheiden. Vgl. BVerfGE 39, S.358. Kritisch hierzu allerdings das Sondervotum von Verfassungsrichter Rupp, ebd., S.381.

82   Für die NPD belief sich wahrscheinlich die staatliche Unterstützung im Jahr 2000 auf mehr als eine Million D-Mark. Vgl. die Vorausschätzung bei Krauß, 2000, S.2. Weniger von Bedeutung erscheint die staatliche Wahlkampfkostenerstattung, weil die NPD kaum einmal Wahlerfolge verbuchen konnte, die ein Anrecht auf Wahlkampfkostenerstattung begründen.

83   Nachdem die politische Publizistik in ihren Kommentierungen im Sommer 2000 zunächst die Untätigkeit des Staates kritisiert hatte, überwogen im Herbst desselben Jahres die Kritiken an der Verbotsinitiative. Vgl. den Überblick bei Hartwich, 2000, S.491.

anderen Seite, das zudem mit einer aktiven finanziellen Unterstützung durch den demokratischen Staat verbunden ist. Diese Reaktionslücke ermöglicht unterschiedliche Interpretationen des Opportunitätsprinzips. Einerseits gibt sie einer *strategischen* Inanspruchnahme des Opportunitätsprinzips Raum, die möglicherweise im Kontext einer allgemeinen Zeitgeistoffensive gegen Rechts zu einem Antrag auf ein Verbot der NPD geführt hat. Sie lässt damit das Opportunitätsprinzip zu einem Instrument für symbolische Politik geraten, die das Verhalten der antragsberechtigten Staatsorgane bzw. deren Repräsentanten leicht dem Populismusvorwurf aussetzt. Andererseits evoziert eine gefahrenorientierte Inanspruchnahme des Opportunitätsprinzips die Forderung, die Eingriffsgrenze hinauszuschieben und an das Gewaltkriterium zu binden. Dies hat zur Folge, dass ein Wesenselement streitbarer Demokratie, die Vorverlagerung der Abwehrbereitschaft in den Bereich von Zielen, preisgegeben wird.

3.3 Was heißt „demokratische Streitbarkeit" in der Praxis?

Wenn ein Verbot der NPD als übermäßige Reaktion angesehen wird, dann ist damit noch nicht gesagt, dass die NPD auch noch vom demokratischen Staat finanziell unterstützt werden soll. Wird die geltende rechtliche Regelung jedoch im Sinne einer freiheitlichen Demokratie überdehnt, sind zumindest in einer Hinsicht historische Assoziationen nahe liegend. Erinnert man sich an den Entstehungsgrund der Streitbaren Demokratie, so muss man sich auch vor Augen halten, dass gerade jener Zynismus heftige Reaktionen hervorrief, mit dem sich führende NS-Leute öffentlich darüber mockierten, dass sie als Feinde der Demokratie von der Demokratie selbst noch sattsam alimentiert wurden.[84]

Allerdings kann selbst dieser eindeutige historische Begründungszusammenhang – dies ist auch den Verfassungsdiskussionen zu entnehmen – nicht legitimieren, dass eine Partei, die zwar verfassungsfeindliche Ziele verfolgt, aber ansonsten keine ernsthafte Gefährdung für die Demokratie darstellt, automatisch verboten wird, weil selbst unter Berücksichtigung der verfassungspolitischen Reaktionen auf die Zerstörung der Weimarer Demokratie durch die Nationalsozialisten, Streitbarkeit nur an den Grenzen freiheitlicher Demokratie legitimierbar ist.[85] Die hier ableitbare aber auch in den Verfassungsdiskussionen weitverbreitete Auffassung, dass die freiheitliche Demokratie die Grundlagen ihrer Existenz von Staats

---

84 Vgl. Scherb, 2001, S.83f.
85 Vgl. Steinberger, 1974, S.240ff.

wegen letztlich kaum sichern kann,[86] legt die Forderung nach einer primär *gesellschaftlichen Streitbarkeit* nahe, deren substantielle Bezugspunkte auf oberste Grundsätze einer demokratischen Ordnung beschränkt bleiben müssen. Das normative Konzept der Bürgergesellschaft unternimmt in diesem Zusammenhang den Versuch, zwei Aspekte zu verbinden.

Erstens: Verbesserungen der politischen Teilnahme sollen eine Praxis generieren, deren positives Erleben von den Teilnehmern intellektuell rekonstruiert und auf die Grundsätze des demokratischen Verfassungsstaates bezogen wird. Insofern bedeutet demokratische Streitbarkeit in erster Linie politische Bildung mit der Hoffnung auf die edukatorische Wirkung einer von den Bürgern reflektierten demokratischen Praxis. So verstandene *gesellschaftliche* Streitbarkeit ist die Absage der Bürger und Wähler an jede Form des politischen Extremismus. Auch in einer pragmatischen Sicht ist *gesellschaftliche* Streitbarkeit eher das Gebot der Stunde als *staatliche* Streitbarkeit. Zur Kenntnis zu nehmen ist dabei, dass der aktuelle Rechtsextremismus weniger als parteipolitisch straff organisiertes Phänomen, sondern dezentral, oft sponaneistisch auftritt. Wenn also die „Gesellschaft der Individuen (...) paradoxerweise auch die Individualisierung, Dezentralisierung und Autonomisierung ihrer Feinde"[87] hervorgebracht hat, dann bedeutet „Flagge zeigen" v.a. eine Absage an den Extremismus durch eine Solidarität der Demokraten beim Führen der geistig-politischen Auseinandersetzung.

Zweitens: Erst jenseits der Wirkungsmöglichkeiten *gesellschaftlich* getragener Abwehrmechanismen, v.a. dort, wo der Extremismus organisiert auftritt, kommt der Streitbarkeit als *staatlichem* Restriktionsinstrument Bedeutung zu. Unter dem Eindruck der nationalsozialistischen Machtergreifung hat bei der Verfassungsgebung dabei die Auffassung überwogen, dass der Demokratieschutz als *Präventiv*konzept verfassungsrechtlich verankert werden muss. Der demokratische Staat sollte zum einen noch *vor* dem klassischen Notstandsfall Abwehrmaßnahmen gegenüber extremistischen Gruppen einleiten können. Zum anderen sollte er das Recht haben, gegen solche Gruppen einzuschreiten bevor strafrechtlich relevante Tatbestände erfüllt sind. Gerade vor dem Hintergrund Weimarer Erfahrungen wird deutlich, dass Demokratieschutz bereits im Vorfeld von Gewaltdelikten wirksam werden muss, um der Legalitätstaktik einer Partei begegnen zu können, die sich von der Gewalttätigkeit vielleicht nur aus strategischen Überlegungen distanziert und gegen straffällig gewordene Mitglieder öffentlichkeitswirksame Parteiausschlussverfahren inszeniert. Daher sind alle Versuche, die Streitbare Demokratie in ihrer restriktiven Dimen-

---

86 Vgl. Böckenförde, 1976, S.60.
87 Vgl. Preuß, 2000, S.9.

3.3 Was heißt „demokratische Streitbarkeit" in der Praxis?

sion auf die Pönalisierung lediglich illegalen Verhaltens zurückzudrängen[88], sowohl aus verfassungsrechtlicher wie auch aus verfassungsgenetischer Sicht zurückzuweisen. Aus verfassungsrechtlicher Sicht ist hier einzuwenden, dass das Grundgesetz auf die Konstituierung einer Wertordnung hätte verzichten können, wenn die Demokratieschutznormen keine über das Strafrecht hinausgehende Wirkung entfalten würden. In der Logik der Wertgebundenheit liegt deshalb eine Abwehrbereitschaft, die die Formulierung des Art. 21 (2) GG („...darauf ausgehen") im Sinne einer Vorverlagerung der Verteidigungslinie in den Bereich der Absichten und Ziele interpretiert und staatliche Organe ermächtigt, vorbeugende Maßnahmen zum Schutz der Demokratie gegen extremistische Parteien zu ergreifen.[89] Beschränkungen für die praktische Anwendung der Abwehrkonzeption des Grundgesetzes ergeben sich jedoch insofern, als sowohl aus verfassungsrechtlicher[90] wie auch aus verfassungsgenetischer[91] Sicht das *Opportunitätsprinzip* und der *Grundsatz der Verhältnismäßigkeit* zu beachten sind. Wenn aber ein Spannungsverhältnis zwischen Freiheit und Freiheitsschutz angenommen werden muss, dann muss die daraus ableitbare Forderung, die Freiheit solange wie möglich unangetastet zu lassen, auch auf die praktische Anwendung des Opportunitätsprinzips durchschlagen. Wenn ferner festgestellt wurde, dass das Legalitätsprinzips der 1950er Jahre durch das Opportunitätsprinzip abgelöst wurde[92], so bedeutet dies zunächst, dass die politischen Folgekosten der Anwendung restriktiver Maßnahmen zu berücksichtigt sind. Fragen des Demokratieschutzes haben daher primär den Charakter von politischen Fragen, nicht den Charakter von Rechtsfragen, die bei der vermuteten Verfassungswidrigkeit einer Partei einen staatlichen Abwehrautomatismus in Gang setzen. Die Funktionsbeschränkung der Streitbaren Demokratie, allein für den Schutz der obersten Prinzipien der Verfassung dazusein, verlangt von einer praktischen Anwendung des Opportunitätsprinzips außerdem, dass ein Antrag auf Feststellung der Verfassungswidrigkeit einer Partei erst auf der Grundlage einer sorgfältigen Gefährdungsanalyse gestellt wird.

---

88 Vgl. Leggewie/Meier, 1995, S.18, 249ff.
89 Vgl. Maunz, 1960, S.43. Rdnr. 101. Vgl. Schmitt Glaeser, 1977, S.179f.
90 Vgl. Mandt, 1978, S.11.
91 Vgl. Scherb, 1987, S.271.
92 Vgl. Altenhof, 1999, S.169.

3.4 „Flexible Response" der Streitbaren Demokratie

Mit einer Änderung des Bundesverfassungsgerichtsgesetzes könnte zumindest für zukünftige Überlegungen, wie mit verfassungsfeindlichen Parteien umzugehen ist, ein Ausweg eröffnet werden. Dazu müsste die Feststellung der Verfassungswidrigkeit von der bisher automatischen Folge des Verbots abgekoppelt werden.[93] Über die Folgen einer formellen Verfassungswidrigkeit könnte dann gesondert nachgedacht werden. Denkbar wäre eine an der politischen Notwendigkeit ausgerichtete „flexible Response", in deren Mittelpunkt eine sorgfältige Gefahrenanalyse steht. Betrachtet man den Gefährdungssachverhalt nicht in einer Entweder-Oder-Dimension, sondern als Kontinuum, geht man also davon aus, dass Gefährdungen des demokratischen Verfassungsstaates durch verfassungsfeindliche Parteien eher in der Dimension des Mehr-oder-weniger zu betrachten sind, dann müsste eine Gefährdungsstufe angenommen werden, die den staatlichen Abwehrmechanismus in Gang setzen kann. Der Beginn der Gefährdung könnte durchaus in Einklang mit der Rechtsprechung des Bundesverfassungsgerichts dort angenommen werden, wo sich bei einer Partei zu den verfassungsfeindlichen Zielen die zweite Voraussetzung für die Feststellung der Verfassungswidrigkeit, nämlich eine „aggressiv-kämpferische" Haltung" hinzuaddiert. Dies wäre vermutlich der Gefährdungssachverhalt, von dem im Jahr 2000 in bezug auf das Wirken der NPD ausgegangen werden konnte. Diesem Gefährdungssachverhalt muss nicht mit einem Verbot begegnet werden. Als angemessene erste Reaktionsstufe könnte der Ausschluss der NPD von der staatlichen Wahlkampfkostenerstattung und die Aberkennung ihrer Förderungswürdigkeit über den Weg einer steuerlichen Abzugsfähigkeit von Parteispenden erwogen werden. Dies wäre eine aus dem Begriff der demokratischen Streitbarkeit abzuleitende Forderung *de lege ferenda*. Verfassungsfeindliche Parteien, die eine „aggressiv-kämpferische" Haltung an den Tag legen, stellen noch nicht unbedingt eine so große Gefahr für die Demokratie dar, dass man sie verbieten müsste. Andererseits dürfen Parteien, die „darauf ausgehen, die freiheitliche demokratische Grundordnung zu beeinträchtigen oder zu beseitigen" von der Demokratie aber auch keine finanzielle Unterstützung erwarten, die ihren Aktivitäten zum Erfolg verhelfen kann. Eine „flexible Response" der Streitbaren Demokratie, die an der Gefahrenabwehr orientiert ist, entspräche dem sowohl aus verfassungshistorischer wie verfassungsrechtlicher Sicht begründeten Grundsatz der Verhältnismäßigkeit.[94]

---

93 Die Trennung von Feststellung und Verbot wurde bereits 1975 von dem Kölner Staatsrechtler Kriele, 1975, S.201ff. vorgeschlagen.
94 Vgl. ausführlich hierzu Scherb, 1987, S.262ff.

3.4 „Flexible Response" der Streitbaren Demokratie

Den unterschiedlichen Gefährdungsstufen könnte ein abgestuftes Set von Reaktionsmöglichkeiten zugeordnet werden, das die Parteifreiheit nur in dem unbedingt notwendigen Umfang einschränkt und damit soweit wie möglich dem im Grundgesetz aufgerichteten Spannungsverhältnis von Freiheit und Streitbarkeit Rechnung trägt. Zu klären wären in diesem Zusammenhang mindestens zwei Fragen: Erstens müsste die Frage beantwortet werden, welche Reaktionsmöglichkeiten den unterschiedlichen Gefährdungsstufen zuzuordnen wären. Zweitens müsste geklärt werden, wer über die Rechtsfolgen entscheidet.

Erstens: Aus der Vielzahl der Reaktionsmöglichkeiten seien an dieser Stelle lediglich zwei Beispiele herausgegriffen, die zugleich eine Verknüpfung mit der Frage nach der Entscheidungskompetenz über die Rechtsfolgen ermöglichen. Eine weitere Einschränkung demokratiefeindlicher Aktivitäten, die über den Ausschluss von staatlicher Finanzhilfe hinausgeht, könnte erreicht werden, wenn man einer Partei, die das Bundesverfassungsgericht für verfassungswidrig erklärt hat, keine öffentlichen Versammlungsräume zu Verfügung stellt oder wenn einer solchen Partei keine Sendezeiten für Wahlwerbung zur Verfügung gestellt werden.

Zweitens: Nimmt man diese Beispiele zum Anlass, über die Frage nachzudenken, wer über diese Rechtsfolgen entscheiden soll, dann scheint es geboten entsprechende Überlegungen in Erinnerung an den Maßstab anzustellen, der mit dem Begriff *demokratische Streitbarkeit* umschrieben wurde. Demokratische Streitbarkeit will die Auseinandersetzung mit demokratiefeindlichen Bestrebungen in erster Linie gesellschaftlichen Kräften überlassen und nur dann als zentrales staatliches Restriktionsinstrument auf den Plan treten, wenn gesellschaftliche Streitbarkeit nicht mehr ausreicht, um eine Gefährdung der Demokratie abzuwenden. Demokratische Streitbarkeit wäre durchaus geeignet, eine Art Subsidiaritätsprinzip für die Abwehr von verfassungsfeindlichen Parteien zu integrieren. Bezogen auf die erwähnten Reaktionsmöglichkeiten wäre daher zu diskutieren, inwieweit einer kommunalen Verwaltungsbehörde bzw. einer Sendeanstalt selbst ein Entscheidungsrecht eingeräumt werden könnte. Die Dezentralisierung der Entscheidung über Rechtsfolgen einer festgestellten Verfassungswidrigkeit würde zugleich auch einen Ausbau des aus verfassungsrechtlicher wie aus verfassungsgenetischer Sicht begründbaren Opportunitätsprinzips bedeuten. Das Opportunitätsprinzip käme dann nicht nur auf der Stufe der Antragstellung nach § 43 des Bundesverfassungsgerichtsgesetzes, sondern auch bei der nach der erfolgten Feststellung der Verfassungswidrigkeit in Erwägung zu ziehenden Rechtsfolgen zum Tragen. Der früher in diesem Zusammenhang unterbreitete Vorschlag, eine Entscheidungskompetenz über die Rechtsfolgen nicht beim Bundesverfassungsgericht zu belassen,[95] erscheint schlüssig, zumal eine für verfassungswidrig erklärte Partei grundsätzlich nur als geduldet angesehen werden müsste. Eine Entscheidung über die Rechtsfolgen der Verfassungswidrigkeit müsste deshalb Erwägungen politischer Opportunität unterliegen und wäre daher nicht als Rechtsfrage, sondern als politische Frage zu entscheiden.

---

95 Vgl. Kriele, 1975, S.204ff.

4. Das Bürgerleitbild der Streitbaren Demokratie

Wenn die Streitbare Demokratie als normatives Konzept bei der Verteilung der Demokratieschutzaufgaben in erster Linie den Bürger berücksichtigen soll, dann setzt das Konzept bereits den demokratiekompetenten Bürger voraus. Insofern muss politische Bildung eintauchen in den in dem sogenannten Böckenförde-Theorem andeuteten Bedingungszirkel, wonach die freiheitliche Demokratie die Grundlagen ihrer eigenen Existenz von Staats wegen eigentlich gar nicht besorgen kann, aber zu ihrem Überleben darauf angewiesen ist, dass die Staatsbürger – zumindest zu einem gewissen Grad – Demokraten sind.

Die Politische Bildung muss dabei zuerst die Frage nach dem Ziel – in diesem Zusammenhang nach dem Bürgerleitbild – beantworten, um dann die Frage anzugehen, wie mit dem pädagogischen Paradoxon der Erziehung zum demokratiekompetenten Bürger umgegangen werden muss. Ausgehend von einer Beschreibung der Dimensionen einer bürgerschaftlichen Demokratiekompetenz soll an Hand einiger empirischer Befunde zum Bürgerbild und verschiedener Leitbildformulierungen in der Politischen Bildung dasjenige Bürgerleitbild identifiziert werden, das mit dem Konzept der Streitbaren Demokratie kompatibel ist und damit als Ziel Politischer Bildung in der Streitbaren Demokratie begründet werden kann.

4.1 Dimensionen bürgerschaftlicher Demokratiekompetenz

In einer heute vielleicht antiquiert anmutenden Diktion stellt bereits Art. 131 der Bayerischen Verfassung von 1946 verschiedene Lerndimensionen in einen untrennbaren Zusammenhang. Im ersten Absatz heißt es dort: *„Die Schulen sollen nicht nur Wissen und Können vermitteln, sondern auch Herz und Charakter bilden."* Nimmt man den Verfassungsauftrag aus Absatz 3 hinzu (*„Die Schüler sind im Geiste der Demokratie ... zu erziehen."*) dann ergibt sich unter Berücksichtigung fachdidaktischer Sprachstandards ein Kompetenzmodell, in dem drei Kompetenzebenen zu berücksichtigen sind. Demokratie-Lernen verlangt demnach die Förderung kognitiver, prozeduraler und habitueller Kompetenzen, wie sie in der

4. Das Bürgerleitbild der Streitbaren Demokratie

aktuell unumstrittenen Fassung des dritten Grundsatzes des sogenannten Beutelsbacher Konsenses in der Politischen Bildung beschrieben werden. Dieser lautet:

> „Der Schüler (Erwachsene) soll dazu befähigt werden, politische Probleme zu analysieren und sich in die Lage der davon Betroffenen hineinzuversetzen sowie nach Mitteln und Wegen zu suchen, wie er die Problemlösung im Sinne seiner wohlverstandenen Eigeninteressen unter Berücksichtigung seiner Mitverantwortung für das soziale Zusammenleben und das politische Ganze beeinflussen kann."[96]

Die *kognitiven* Kompetenzen umschreiben die Fähigkeit der Lernenden, Strukturen und Prozesse in der Demokratie zu verstehen. Sie verweisen dabei auf ein kategoriales Gerüst politischer Bildung, das Lernende *„befähigt (...) politische Probleme zu analysieren"*. Dieses kategoriale Gerüst berücksichtigt einerseits die verschiedenen Dimensionen des Politischen (polity, politics, policy) andererseits bezieht es sich auf ein Set von politischen Allgemeinbegriffen (z.B. Macht, Interesse, Konflikt, Recht)[97], die als heuristisches Instrumentarium Hilfen zur Problemerschließung im Lernprozess geben. Die *prozeduralen* Kompetenzen umschreiben die Fähigkeiten, die die Lernenden handlungsfähig machen und sie in die Lage versetzen, *nach Mitteln und Wegen zu suchen, wie sie die Problemlösung beeinflussen können*. Sie setzen kognitive Kompetenzen voraus. Dazu gehören u.a. das Wissen über politische und administrative Zuständigkeiten und das Wissen über politische und rechtliche Aspekte von Verfahrensabläufen der Entscheidungsbildung. Dazu gehört die Fähigkeit zur Kommunikation, zur Teamarbeit und zu strategischem Geschick. Kommunikation umfasst zwei Aspekte. Zu ihr gehören einerseits das Verstehen als intellektuelle Leistung, die in der fachdidaktischen Diskussion zur Forderung nach Perspektivenwechsel führt. Zum anderen geht es in der gelingenden Kommunikation immer auch um Verständnis als empathische Anstrengung also um Verstehen als „Kategorie des Sozialen"[98].

---

96 Schneider, 1996, S.220.
97 Henkenborg, 1997, S.98 hat für diese vier Kategorien die größte Übereinstimmung zwischen den kategorialen Systemen von Breit, Giesecke, Massing, Sutor und Weinbrenner festgestellt.
98 Honneth, 1989, S.268.

4.1 Dimensionen bürgerschaftlicher Demokratiekompetenz 49

Abbildung 1: Dimensionen der Demokratiekompetenz[99]

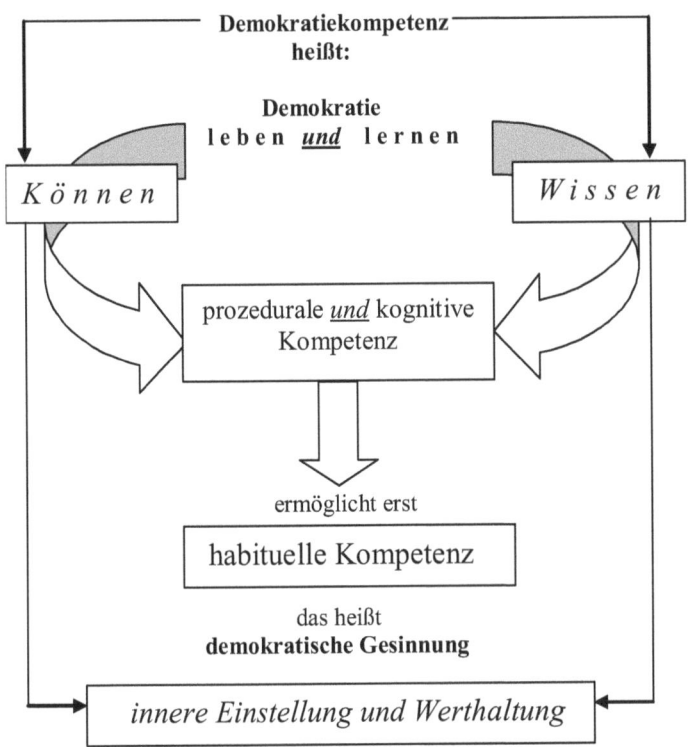

Die Entwicklung kognitiver und die prozeduraler Kompetenzen tragen dazu bei, dass Lernende *habituelle* Kompetenzen ausbilden. Habituelle Kompetenzen umschreiben die Bereitschaft der Lernenden, auf der Grundlage gewissenhafter und verantwortungsbewusster Urteilsbildung begründete Entscheidungen bezüglich ihrer Einstellungen und ihres Verhaltens zu treffen und diese im ständigen Spannungsfeld zwischen Zustimmung und Kritik praktisch werden zu lassen. (Bewerten, Beurteilen,
  Entscheiden, Handeln, Selbstreflexion). Damit werden die prozeduralen Kompetenzen durch eine sozialethische Dimension angereichert, so dass Lernende *„im Sinne ihrer wohlverstandenen Eigeninteressen unter Berücksichtigung ihrer Mit-*

---

[99] Vgl. Scherb, 2003, S.19.

verantwortung für das soziale Zusammenleben und das politische Ganze" handeln können. In diesem Sinne wäre strategisches Handeln nicht durch eine Nutzen maximierende Cleverness und Schläue bestimmt, sondern durch die ethisch angereicherte Tugend der Klugheit.

4.2 Das Bürgerbild im Lichte unterschiedlicher Spannungsfelder

Bürgerbilder wurden mit Bezug auf politikwissenschaftliche und politikdidaktische Forschungen im Spannungsfeld vor allem dreier Pole formuliert. *Erstens:* Vor dem Hintergrund einer oft beklagten und häufig nur durch Hinweise auf Wahlbeteiligungen belegten Politikverdrossenheit hat in der Fachdidaktik die Frage nach dem Partizipationsinteresse Anlass gegeben, unterschiedliche Typen von Bürgern zu unterscheiden. *Zweitens:* Befunde zum Bürgerbild wurden v.a. im Kontext der Wertewandelforschung als Aktualisierung des Verhältnisses von Pflicht- und Akzeptanzwerten einerseits und Selbstentfaltungswerten andererseits formuliert. *Drittens* eröffnete auch die in den 1990er Jahren geführte Liberalismus-Kommunitarismus-Diskussion ein Spannungsfeld in dem normative Vorstellung vom Bürger formuliert werden können.

4.2.1 Bürgerbilder im Spannungsfeld von Partizipation und Nicht-Partizipation

Vor dem Hintergrund nachlassender Wahlbeteiligung und der sich anschließenden Diskussion über eine (vermeintliche) Politikverdrossenheit hat in den 1990er Jahren in der politischen Bildung erneut ein intensiveres Nachdenken über Fragen der politischen Partizipation begonnen.

Dabei hat die Politikdidaktik vornehmlich mit interpretativen Methoden auf empirische Studien zugegriffen, um die Frage zu beantworten, inwieweit Bürgerinnen und Bürger an Politik interessiert sind und ihren verfassungsrechtlich garantierten Bürgerstatus überhaupt in Anspruch nehmen. Als heuristisches Instrumentarium liegt diesen Befunden zum Bürgerbild ein weiter Begriff von Partizipation zugrunde. Dieser erstreckt sich von der schieren Gleichgültigkeit gegenüber politischen Fragen über das lediglich kontemplative Interesse bis zur aktiven Teilnahme und hat Anlass gegeben, Bürgertypen nach ihrem Partizipationsinteresse zu differenzieren. In einer aufsteigenden Reihenfolge werden folgende Typen ge-

4.2 Das Bürgerbild im Lichte unterschiedlicher Spannungsfelder

nannt: Erstens der Desinteressierte, zweitens der reflektierte Zuschauer, drittens der interventionsfähige Bürger und viertens der Aktivbürger.[100]

Erstens: Der *Desinteressierte* ist gleichzusetzen mit dem Privatmann. Die Gründe für seinen Privatismus können vielfältig sein. Es kann sich um einen ausschließlich an seiner privaten Lebensführung orientierten Menschen handeln, der in der Wertewandelforschung als „hedonistischer Materialist" identifiziert wurde. Ein Interesse an Politik fehlt vor allem deshalb, weil in den öffentlichen Angelegenheiten und einer etwaigen Beteiligung an diesen öffentlichen Angelegenheiten kein Beitrag für die Steigerung des privaten Nutzens erwartet wird. Dort, wo sich der hedonistische Materialist keinen persönlichen Vorteil verspricht, bleibt er passiv. Hinter dem Desinteressierten kann jedoch auch der in der Wertewandelforschung so bezeichnete „Resignierte" stehen. Das Desinteresse resultiert in diesem Fall aus der Auffassung, dass ein persönliches Engagement ohnehin wirkungslos bleibt. Das resignierende Desinteresse korreliert sehr stark mit dichotomischen Politikwahrnehmungen und äußert sich dementsprechend in Meinungen wie *„Die da oben machen ja doch, was sie wollen!"* Stellt man die Frage nach der beim Desinteressierten ausgeprägten Demokratiekompetenz, so ist anzunehmen, dass kognitive und prozedurale Kompetenzen sehr spärlich, in jedem Fall jedoch nur sehr selektiv und unter strikten Nutzenerwägungen entwickelt werden. Diese verhindern auch eine stärkere Ausprägung habitueller Demokratiekompetenzen im Sinne eines inneren Zuspruchs zu demokratischen Prinzipien.

Zweitens: Reflektierter Zuschauer ist der Privatmann mit gut entwickelten kognitiven Kompetenzen. Er ist vergleichbar mit dem kompetenten Zuschauer eines Fußballspiels, der die Regeln kennt, der weiß, worum es geht und der auch die taktischen Finessen hinter der beobachtbaren Situation durchschaut.[101] Der reflektierte Zuschauer beobachtet Politik aufmerksam und besitzt zumindest soviel Kenntnis über politische Zusammenhänge, dass er den strategischen Fallen medialer Inszenierungen des Politischen nicht hilflos gegenübersteht. Er behält sich jedoch eine affektive Distanz, die eine aktive Einmischung in politische Entscheidungsprozesse verbietet. Die politische Partizipation des reflektierten Zuschauers beschränkt sich daher auf eine Art Bewusstsein „passiver Aktivität"[102], einem „Aktivitätsgehalt des Denkens"[103], das sich „im Üben des politischen Urteils an Ernst-

---

100 Vgl. Schiele, 1998, S.3f. Ähnlich bereits Ellwein, 1958, S.206.
101 Dieser Vergleich wurde wohl zuerst von Hennis, 1968, S.209f. angestellt.
102 Giesecke, 1965, S.175
103 Gagel, 1994, S.167.

fragen des Lebens" äußert.[104] Also raisoniert der reflektierte Zuschauer durchaus sachkompetent über politische Fragen und beteiligt sich in seinem persönlichen Umfeld an politischen Diskussionen. Er nimmt an Wahlen und Abstimmungen teil, enthält sich aber ansonsten eines weitergehenden politischen Engagements. Die affektive Distanz gegenüber aktiver Einmischung kann einer voyeuristischen Beobachterposition entspringen, die der reflektierte Zuschauer gegenüber den „Niederungen" des politischen Alltagsspektakels einnimmt und gelegentlich geradezu narzisstisch kultiviert. In diesem Fall steht der reflektierte Zuschauer immer in der Gefahr, sich weiter von der Politik abzuwenden und zum Desinteressierten zu werden. Die affektive Distanz kann jedoch auch aus der Auffassung resultieren, dass der politische Prozess in seinem Auf und Ab und in seinem Muddling-through doch immer wieder zu Ergebnissen führt, die sein Eingreifen nicht erforderlich machen. Diese Form affektiver Distanz lässt beim reflektierten Zuschauer eine subsidiäre Haltung gegenüber der Politik erkennen. Diese Haltung gibt Anlass zu der Vermutung, dass es auch fließende Übergänge vom reflektierten Zuschauer zum interventionsfähigen und interventionsbereiten Bürger gibt. Stellt man die Frage nach der beim reflektierten Zuschauer ausgeprägten Demokratiekompetenz, so ist anzunehmen, dass kognitive Kompetenzen stark ausgeprägt sind. Auf dieser Grundlage können prozedurale Kompetenzen rasch entwickelt werden. Die Ausprägung habitueller Demokratiekompetenzen ist abhängig von einer Antwort auf die Frage, welche Motivation hinter dem Phänotyp des reflektierten Zuschauers steht. Der voyeuristische Typ des reflektierten Zuschauers entwickelt eher ein instrumentelles Verhältnis zu demokratischen Prinzipien. Die innere Haltung zur Demokratie ist in diesem Fall sehr enttäuschungsanfällig. Einen stärker ausgeprägten inneren Zuspruch zu demokratischen Prinzipien lässt eher die Untergruppe reflektierter Zuschauer vermuten, die einer subsidiären Auffassung politischer Partizipation anhängen. Diese Untergruppe legt Enttäuschungen über die aktuelle Politik nicht der Demokratie zur Last, sondern tendiert zu einer gewissen Interventionsbereitschaft, die einen Beitrag zur Sicherung eines Mindestbestands an demokratischer Substanz leisten will.

Drittens: Der *„interventionsfähige und -bereite"*[105] Bürger verfügt über kognitive und prozedurale Kompetenzen. Kognitive Kompetenzen erlauben ihm, politi-

---

104 Giesecke hatte 1965, S.63 vor seinem Einschwenken auf die emanzipatorische Politikdidaktik dieses normative Bürgerleitbild gezeichnet. Seine normativen Einlassungen hat Ackermann später (1998, S.15) zur Beschreibung des „reflektierten Zuschauers" benutzt.
105 In der politikdidaktischen Diskussion wird in der Regel Bezug genommen auf die terminologischen Unterscheidungen die Schiele, 1998, S.3f. getroffen hat. Vgl. z.B.

4.2 Das Bürgerbild im Lichte unterschiedlicher Spannungsfelder

sche Zusammenhänge und Strukturen zu erfassen. Prozedurale Kompetenzen ermöglichen ihm auch ein Eingreifen in politische Willensbildungs- und Entscheidungsprozesse. Er kennt allerdings nicht unbedingt von vornherein die für politisches Engagement bedeutsamen institutionellen Zuständigkeiten und Verfahrensabläufe, ist jedoch auf Grund seiner kognitiven Kompetenzen in der Lage, sich sehr schnell die notwendigen prozeduralen Kompetenzen anzueignen, um in dem Bereich, in dem er sich engagieren will, handlungsfähig zu sein. Der „*interventionsfähige und -bereite*" Bürger ist nicht der permanent engagierte Teilnehmer an öffentlichen Angelegenheiten. Er ist jedoch in bestimmten Situationen durchaus *bereit*, aktiv in politische Prozesse einzugreifen. Der interventionsfähige und -bereite Bürger kann sowohl der abwägende, das Gemeinwohl immer in den Blick nehmende Verantwortungsethiker sein. Er kann aber auch der rigorose gesinnungsethische Kämpfer für (vermeintlich) vernachlässigte Werte sein und sich z.B. in der radikalen Öko-Szene oder dem Teil der Friedensbewegung engagieren, der aktuelle sicherheitspolitische Konzeptionen radikal ablehnt.

Viertens: Der *Aktivbürger* engagiert sich dauerhaft in der Politik. Er hat sich für die Mitgliedschaft in einer Partei, einer anderen politischen Organisation oder in einem Verband entschieden. Er ist möglicherweise Teil der politischen Klasse, aus der sich das Führungspersonal eines Gemeinwesens rekrutiert. Andererseits kann er – noch auf dem Boden der geltenden Verfassung stehend – durchaus auch in Fundamentalopposition zum geltenden politischen System stehen.[106] Der phänotypische Begriff des Aktivbürgers gibt deshalb noch keine Auskunft über Ziel und Richtung der Aktivität. Stellt man die Frage nach der beim Aktivbürger ausgeprägten Demokratiekompetenz, so ist anzunehmen, dass kognitive und prozedurale Kompetenzen stark ausgeprägt sind. Die Ausprägung habitueller Demokratiekompetenzen ist wiederum (wie auch beim interventionsfähigen Bürger) abhängig von der politischen Provenienz. Der Aktivbürger kann einerseits Mitglied einer demokratischen Partei sein. Der Aktivbürger kann jedoch auch als Mitglied in radikalen politischen Vereinigungen aktiv sein. Forderungen nach einer „maximalen Mitwir-

---

Detjen, 1999, S.27. Schiele wie auch Detjen sprechen vom „interventionsfähigen" Bürger. „Interventionsfähigkeit" bezieht sich jedoch nur auf die kognitiven und prozeduralen Kompetenzen. „Interventionsfähigkeit" versorgt begrifflich nicht die Dimension der habituellen Kompetenzen, die mit der Bereitschaft zur Intervention zu tun hat. Es muss daher m.E. vom „interventionsfähigen und -*bereiten*" Bürger gesprochen werden.

106 Das Spektrum der Möglichkeiten des Aktivbürgers lässt sich differenzieren nach seiner Haltung zur aktuellen Regierung, zum bestehenden Staatssystem und zur geltenden Verfassung.

kung des Bürgers"[107], wie sie in denjenigen Didaktikkonzeptionen erhoben wurden, die das politische Ziel der Emanzipation auf ihre Fahne geschrieben hatten, geben einen Hinweis darauf, dass die phänotypische Differenzierung von Bürgerbildern entlang der Linie zwischen Partizipation und Nicht-Partizipation keine validen Aussagen über die habituelle Demokratiekompetenz erlaubt. Zu fragen wäre allenfalls, inwieweit der von marxistisch inspirierten Didaktikvorstellungen der 1970er Jahre propagierte Berufsrevolutionär mit dem Bürgerbegriff vereinbar ist.[108]

4.2.2 Bürgerbilder im Spannungsfeld von Pflicht-/Akzeptanz- und Selbstentfaltungswerten

In seinen Untersuchungen zum Wertewandel hat Klages zwei Wertgruppen identifiziert, die miteinander konkurrieren. Es sind dies die sogenannten „Pflicht- und Akzeptanzwerte" auf der einen und die „Selbstentfaltungswerte" auf der anderen Seite.[109] Als wesentlichen Trend des Wertewandels sieht Klages eine schrumpfende Bedeutung der *Pflicht- und Akzeptanzwerte* und eine expandierende Bedeutung der *Selbstentfaltungswerte*.[110] Klages konstatiert dabei einen Wertewandelschub, der in den 1960er Jahren begonnen hat und Mitte der 1970er Jahre zu einem vorläufigen Abschluss gekommen ist. Im Ergebnis hätten sich beide Wertgruppen im Gesamtdurchschnitt der Bevölkerung auf einem mittleren Ausprägungsniveau konsolidiert.[111] Die Wertgruppen, die Klages[112] bei der Beschreibung des Wertewandels einander gegenüberstellt, lassen sich wie folgt differenzieren: Mit Bezug auf die Gesellschaft nennt Klages als Pflicht- und Akzeptanzwerte *Disziplin, Gehorsam, Leistung, Ordnung, Pflichterfüllung, Treue, Unterordnung, Fleiß, Bescheidenheit*. Als Selbstentfaltungswerte nennt er *Emanzipation (von Autoritäten), Gleichbehandlung, Gleichheit, Demokratie, Partizipation und Autonomie (des Einzelnen)*. Mit Bezug auf das individuelle Selbst nennt Klages als Pflicht- und Akzeptanzwerte *Selbstbeherrschung, Pünktlichkeit, Anpassungsbereitschaft und Enthaltsamkeit*. Als Selbstentfaltungswerte nennt er *Genuss, Abenteuer, Spannung, Abwechslung, Ausleben emotionaler Bedürfnisse, Kreativität, Spontanei-*

---

107 Fischer, 1970, S.111f.
108 Eine extremistische Fundamentalopposition scheint mir nicht mit dem Begriff „Bürger" vereinbart werden zu können.
109 Vgl. Klages, 1984, S. 17ff.
110 Vgl. Klages, 1984, S.19ff.
111 Vgl. Klages, 1984, S.123ff. Vgl. Auch Hepp, 1994, S.19.
112 Vgl. Klages, 1984, S.18.

4.2 Das Bürgerbild im Lichte unterschiedlicher Spannungsfelder 55

tät, Selbstverwirklichung, Ungebundenheit und Eigenständigkeit.[113] Als prinzipielle Möglichkeit gesellschaftlicher Entwicklung konstatiert Klages[114] *fünf* verschiedene Aktualisierungsformen des Verhältnisses der genannten Wertgruppen, mit denen je spezifische Wertetypen korrespondieren.

Erstens: Die Existenz einer gemischten Wertstruktur, in der situative Schwankungen in der Werteausprägung dominieren, kennzeichnet den *Typus des „Resignierten".* Bei ihm fehlen eindeutige und konstante Wertbindungen. Weder Pflicht- und Akzeptanzwerte noch Selbstentfaltungswerte haben für ihn hohe Bedeutung. Sein Verhalten ist geprägt durch impulshaftes, „Identitätsschwäche signalisierendes Reagieren" auf möglicherweise instabile und sich deshalb permanent ändernde äußere Bedingungen.

Zweitens: Die „Rückkehr zur Tradition" kennzeichnet den *Typus des „Wertkonventionalisten".* Er betont einseitig die Pflicht- und Akzeptanzwerte und die Verstärkung kollektiver Kontrolle gegenüber dem Individuum. Anpassungs- und Integrationsdruck sind die Begleiterscheinungen dieser Werteausprägung. Das Bedürfnis nach Selbstentfaltung und Engagement ist beim Wertkonventionalisten nur schwach ausgeprägt.

Drittens: Der „Durchbruch nach vorn", die ungehemmte Realisierung emanzipatorischer Selbstentfaltung sind die charakterisierenden Merkmale des *„nonkonformen Idealisten".* Die Wirkung der Pflicht- und Akzeptanzwerte wird hier minimiert. Das Individuum und seine Ansprüche und Interessen treten in den Vordergrund.

Viertens: Seite dem Ende der 1980er Jahre ist vor allem bei Jugendlichen der sogenannte „hedonistische Materialist" (*Typus des „Hedomaten"*) im Vormarsch. Dieser Typus orientiert sich stark am individuellen Lebensgenuss und lässt sich von dem Gedanken leiten, dass dies nur auf der Grundlage eines hohen Lebensstandards möglich ist. Er neigt zu einer egozentrischen Inanspruchnahme der Selbstentfaltungswerte, ohne diese selbst als Prinzipien seines Handelns anzuerkennen. Dadurch legt er eine spielerische, am Lustprinzip orientierte Daseinsbewältigung an den Tag. Der Hedomat ist gegenüber politischen Angelegenheiten indifferent. Sein Interesse an Politik findet, wenn überhaupt, dann nur in Unterordnung unter individuelle Nützlichkeitserwägungen statt.

Fünftens: Für eine Wertesynthese, in der Pflicht- und Akzeptanzwerte sowie Selbstentfaltungswerte gleichermaßen stark ausgeprägt sind, steht der *„aktive Realist".* Er ist der „auf institutionenbezogene Weise selbstentfaltungsorientierte

---

113 Vgl. Klages, 1984, S.18f.
114 Vgl. Klages, 1995, S.83ff.

Mensch aus der Mitte der Gesellschaft", der eine ausgeprägte Erfolgsorientierung aufweist, die die eigene Kreativität und Initiative zwar zum Angelpunkt nimmt, aber sie im Bewusstsein interpretiert, dass Erfolg auch ein gewisses Maß an Selbstdisziplin und die Einhaltung von Regeln voraussetzt. Insofern bezieht der *„aktive Realist"* den sozialen und politischen Kontext, in dem er sich bewegt, in seine Überlegungen und die sich anschließenden Handlungen mit ein. Er ist als „Wertsynthetiker" „nicht nur ein kritischer, unbequemer, konfliktfähiger und selbstbewusster, sondern auch stets ein kooperativer, die eigene Selbstverantwortung betonender Bürger mit einer stabilen Grundbereitschaft zur gefühlsmäßigen Systembejahung".[115]

4.2.3 Bürgerbilder im Spannungsfeld von individualistischem Liberalismus und republikanischem Kommunitarismus

Bezieht man die Wertewandeldiskussion auf Termini der politischen Ideengeschichte, dann kann als weiteres Spannungsfeld, das die Profilierung von Bürgerbildern erlaubt, das Spannungsfeld von Liberalismus und Republikanismus identifiziert werden. Bedeutsam ist dabei die Aufklärung der Frage, in welchem Verhältnis das Eigeninteresse des Bürgers zum Gemeinwohl und in welchem Verhältnis eine individualistische zur gemeinschaftsbezogenen Lebensführung steht. Im Anschluss an die Wertewandeldiskussion wurde in diesem Zusammenhang die in den USA initiierte Liberalismus-Kommunitarismus-Debatte in Deutschland rezipiert. Sie hat die Frage revitalisiert, inwieweit eine pluralistische Gesellschaft zugleich Gemeinschaft sein muss, um auf Dauer überlebensfähig zu sein. Die Frage nach dem Integrationspotential liberalistischer Demokratieauffassungen einerseits und kommunitaristischer Demokratiekonzeptionen andererseits hat zu einer Debatte geführt, die gleichzeitig unterschiedliche Bürgerbilder erkennen lässt.

Erstens: Die *kommunitaristischen* Vorstellungen stehen in der republikanischen Theorietradition. Ihr Kern ist eine Bürgertugend, die im Prinzip das Gemeinwohl über das partikulare Eigeninteresse stellt. Der Republikanismus denkt den Menschen nicht von seiner Individualität her, sondern findet ihn im Sinne der anthropologischen Einlassungen von Aristoteles als Zoon politikon immer schon eingebunden in eine Gemeinschaft und eine daraus erwachsende politische Ordnung. Mit dieser Ordnung identifiziert sich der einzelne. Sie ist seine Res publica als Vereini-

---

115 Hepp, 1994, S.22 mit Bezug auf die Beschreibung des Wertsynthetikers bei Klages. Vgl. z.B. Klages, 1984, S.170ff.

4.2 Das Bürgerbild im Lichte unterschiedlicher Spannungsfelder

gung freier und gleicher Rechtsgenossen. Die Res publica ist deshalb für den einzelnen nicht nur eine nützliche Veranstaltung, sondern eine sittliche Lebensgemeinschaft. Die republikanische Vorstellung vom Bürger geht davon aus, dass der einzelne nicht nur sein aufgeklärtes Eigeninteresse in den politischen Willensbildungs- und Entscheidungsprozess einbringt, sondern seine persönliche Auffassung vom Bonum commune. Die kommunitaristischen Vorstellungen gehen dabei konform in der Annahme, dass eine Gesellschaft nur als Gemeinschaft überlebensfähig ist. Das innere Band dieser Gemeinschaft sind Wertüberzeugungen, die alle teilen. Die kommunitaristischen Vorstellungen unterscheiden sich dabei lediglich hinsichtlich der Frage, welchen substanziellen Umfang der sittliche Kern, auf den sich der republikanische Bürgersinn richten soll, haben darf.

Zweitens: Die *liberalistischen* Konzeptionen gehen davon aus, dass eine Integration der Gesellschaft allein über das äußere Band des Rechts gewährleistet ist. Diese Gesellschaft kann auch die Gesellschaft von egoistischen Individualisten sein. Dennoch werden Tugenden unter der Geltung des Interessenprinzips praktiziert, wenn auch nicht auf republikanischem Niveau.[116] Der Blick gilt nicht dem Gemeinwohl, sondern dem Eigennutz. Die vertragstheoretisch motivierte Beachtung von Regeln erfolgt deshalb mit einem instrumentellen Bezug auf die eigene Nutzenmaximierung. Das Recht ist die Summe der Regelungen, die die eigene Interessenmaximierung ermöglichen. Der demokratische Staat wird als institutionelle Verankerung und Absicherung des Rechts akzeptiert. Er wird jedoch nicht als Res publica angesehen, die man liebt oder mit der man sich identifiziert. Der liberalistische Bürgertyp ist vergleichbar mit einem Versicherungsnehmer. Dieser braucht seine Haftpflichtversicherung zwar, aber er liebt sie nicht. Sie ist ihm nützlich und wenn er kann, nützt er sie auch aus. Der demokratische Staat gilt deshalb weniger als Ausdruck einer guten Ordnung, denn als institutionell geronnener Vertrag der Individuen auf der Grundlage übereinstimmender Nutzenkalküle. Zumindest erfährt dieser Individualist, dass auf der Basis egoistischer Interessenvertretung Gesellschaft möglich ist. Der Gemeinwohlbezug ist hier ideologisiert durch eine Form von Selbstlegitimation, mit der der liberalistische Bürgertyp seinen Egoismus als Quelle eines prosperierenden Gemeinwesens vermeint. Nach liberalistischer Auffassung steht hinter allen partikularen Egoismen das geheimnisvolle Wirken der Smithschen *invisible hand*, die letztendlich eine Art Bonum commune besorgt.

Dieser Richtung fehlt die Reflexivität, die in deliberativen Prozessen erst das Niveau erreicht, mit der auf einer höheren Beobachterebene der Blick auf das eigene Tun, die eigene Interessensverfolgung möglich wird. Auf dieser Beobachter-

---

116 Vgl. Detjen, 1999, S. 17 m.w.N.

ebene gelingt die Reflexion über die Bedingungen der eigenen Interessenverfolgung als reziproker Prozess der Anerkennung aller anderen Interessen als im Prinzip gleichberechtigte. Das republikanische Element dieser Reflexion kann nun darin liegen, die unter aufgeklärten Nützlichkeitserwägungen als vernünftig identifizierten Bedingungen ein Stück weit ethisch aufzuladen, so dass diese Bedingungen im Sinne einer guten Ordnung Bestandteil von gemeinschaftlich gehegten Grundüberzeugungen über einen Minimalkonsens der ansonsten pluralisierten Gesellschaft werden können. Diese Mischung würde einen Bürgertyp konstituieren, der sich äquidistant zu den Polen eines individualistischen Liberalismus einerseits und eines republikanisch substanziierten Kommunitarismus andererseits verhalten würde.

4.3 Das Bürgerleitbild der Streitbaren Demokratie

Betrachtet man den Wertewandel und die auf die unterschiedlichen Wertgruppen bezogenen Wertetypen unter dem Blickwinkel des für die Streitbare Demokratie konstitutiven Spannungsverhältnisses von Freiheit und Bindung bzw. von Selbstentfaltung und Pflicht, dann lässt sich der „aktive Realist" als Leitbild begründen. Betrachtet man das politische Engagement und die hierauf bezogenen Wertetypen, dann lässt sich der interventionsfähige Bürger als Leitbild unter die umfassendere Kategorisierung subsumieren, die im Typus des „aktiven Realisten" seine begriffliche Heimat findet. Im aktiven Realisten wird zugleich auch das wünschenswerte Verhältnis zwischen individualistischem Liberalismus und kommunitaristischem Republikanismus verwirklicht. Kompatibel mit den normativen Anforderungen der Streitbaren Demokratie erscheint daher das im Anschluss an Klages von Gerd Hepp vorgeschlagene Konzept einer Wertesynthese. In dieses Konzept lassen sich einerseits der „interventionsfähige Bürger" integrieren, den die Politikdidaktik unter dem Blickwinkel der Partizipation als Wunschfigur identifiziert hat. Andererseits ist in das Konzept der Wertesynthese auch dasjenige Bürgerbild integrierbar, das sich äquidistant zu den Polen eines individualistischen Liberalismus und eines ethisch aufgeladenen Republikanismus etablieren lässt. Klages' Wertewandelmodell scheint mit der Feststellung, dass sich die kontrastierten Wertgruppen auf einem mittleren Niveau konsolidiert hätten, im Nachhinein durch empirische Untersuchungen Bestätigung erhalten zu haben. Der Typus des *Wertsynthetikers* oder *aktiven Realisten* habe nämlich in den Folgejahren im Durchschnitt der Gesamtbevölkerung weitere Verbreitung gefunden. Zwar ist das Konzept auf der Grundlage empirischer Ergebnisse entwickelt worden, doch formuliert Klages selbst einen normativen

4.3 Das Bürgerleitbild der Streitbaren Demokratie 59

Anspruch für ein Konzept der Wertesynthese.[117] Das aus der empirischen Forschung hervorgegangene Konzept verkörpert für Klages[118] die positive Seite des Wertewandels, „gewissermaßen dessen evolutionäre Vernunft". Während in der negativen Bewertung der pinzipiellen gesellschaftlichen Entwicklungsmöglichkeiten bezüglich einer bestimmten Wertstruktur Werteoptionen nur angedeutet werden, vollzieht Klages eine normative Wende, indem er den „Wertsynthetiker" als Wunschfigur präsentiert, der „nicht nur ein kritischer, unbequemer, konfliktfähiger und selbstbewusster, sondern auch stets ein kooperativer, die eigene Selbstverantwortung betonender Bürger mit einer stabilen Grundbereitschaft zur gefühlsmäßigen Systembejahung"[119] ist. Diesem normativen Anspruch tritt Hepp näher, indem er „*Wertesynthese als didaktische Aufgabe*" postuliert. Unter Berücksichtigung der erzieherischen Dimension Politischer Bildung knüpft Hepp damit an die normative Inanspruchnahme des Wertewandelmodells an. Auch Hepp sieht als Leitbild für die Politische Bildung den Typ des *Wertsynthetikers* oder *aktiven Realisten*. Er geht dabei offenbar von einem Demokratiebegriff aus, in dem die größtmögliche Freiheit des Individuums mit den Bestandserfordernissen eines sozialen und politischen Systems in Einklang gebracht werden soll. Diese Vorstellungen entsprechen zugleich auch dem Maßstab einer demokratischen Streitbarkeit wie er eingangs begründet wurde. Aus verfassungsrechtlicher Sicht ist in diesem Zusammenhang zu konstatieren, dass auch das Grundgesetz von einem zu erhaltenden Spannungsverhältnis von Individualität und Sozialität ausgeht. Es stellt dabei allerdings die individualisierenden Selbstentfaltungswerte in Gestalt der das Freiheitspostulat von Artikel 2 konkretisierenden Grundrechte den Pflicht- und Akzeptanzwerten zunächst voran. Der verfassungsrechtliche Denkansatz ist die *freiheitlich-demokratische Grundordnung*. Andererseits fordert die Gewährleistung der Freiheit auch eine Anbindung an Pflichten. Diese Dialektik erscheint nicht nur im Grundrechtsverständnis selbst, das – die individuellen Freiheitsrechte auch als Rechte der anderen Individuen denkend – immanente Schranken impliziert, sondern auch in den Interpretationen des Bundesverfassungsgerichts. Demnach ist das Bürger-

---

117 Vgl. Klages, 1984, S.165f.
118 Vgl. Hepp, 1994, S.22 mit Hinweisen auf die Forschungsergebnisse einer Soziologengruppe aus Speyer, die unter der Ägide von Helmut Klages von 1981 bis 1987 eine signifikante Zunahme bei der Akzeptanz einer gemischten Wertstruktur festgestellt hat. Vgl. in diesem Zusammenhang auch den Hinweis von Hepp (ebd.) auf die Ergebnisse von Inglehart (1989), nach denen die Mischformen aus Materialisten und Postmaterialisten von 39% im Jahr 1974 auf 59% im Jahr 1987 zugenommen haben.
119 Hepp, 1994, S.22 mit Bezug auf die Beschreibung des Wertsynthetikers bei Klages. Vgl. z.B. Klages, 1984, S.170ff.

bild des Grundgesetzes eben durch die Synthese von Individualität und Gemeinschaftsgebundenheit bestimmt. Die Würde des Menschen erfüllt sich nach Auffassung des Gerichts einerseits in dem Anspruch auf freie Entfaltung,[120] andererseits ist jedoch das Bürgerbild des Grundgesetzes „nicht das des selbstherrlichen Individuums, sondern das der in der Gemeinschaft stehenden und ihr vielfältig verpflichteten Persönlichkeit".[121] Hepp verknüpft das von Klages vorgestellte Wert*erziehungs*konzept mit der Wert*erziehungs*debatte und stellt sodann die Frage nach der Legitimität der Übertragung des Wertesyntheseansatzes in den Bereich der Politischen Bildung. Dabei ist darzulegen, dass das Konzept der Wertesynthese der eingangs begründeten Forderung, das Spannungsverhältnis von Selbstbestimmung und normativer Bindung aufrechtzuerhalten, Rechnung trägt.

Begründet werden kann das Leitbild des „aktiven Realisten" dabei über die Darstellung der Folgen von Extrempositionen. So kann deutlich gemacht werden, dass das Ausschlagen des Pendels einmal hin zu den Pflicht- und Akzeptanzwerten und zum anderen hin zu den Selbstbestimmungs- und Selbstverwirklichungswerten Folgen nach sich zieht, die die Forderung begründet, zwischen den kontrastierten Wertgruppen eine Synthese herzustellen. Hepps Konzept eines „synthetischen Wertpragmatismus" (Tabelle 2) lässt sich dementsprechend ex negativo aus den prinzipiellen Alternativen begründen, die sich bei der Aktualisierung eines Werteradikalismus in der politischen Praxis ergeben.

---

120 Dieser Anspruch erscheint schon frühzeitig in der vom Bundesverfassungsgericht vorgenommenen Konkretisierung des Begriffs „freiheitliche demokratische Grundordnung". Im Verbots-Urteil gegen die Sozialistische Reichspartei von 1951 heißt es: „Zu den grundlegenden Prinzipien dieser Ordnung sind mindestens zu rechnen: Die im Grundgesetz konkretisierten Menschenrechte insbesondere das Recht des Menschen auf Leben und freie Entfaltung (...)" BVerfGE 2, S.12.
121 BVerfGE 12, S.51. Ebenso BVerfGE 4; 7, S.15: „Das Menschenbild des Grundgesetzes ist nicht das eines isolierten souveränen Individuums; das Grundgesetz hat vielmehr die Spannung Individuum – Gemeinschaft im Sinne der Gemeinschaftsbezogenheit und Gemeinschaftsgebundenheit der Person entschieden, ohne dabei ihren Eigenwert anzutasten."

4.3 Das Bürgerleitbild der Streitbaren Demokratie

Tabelle 2: Elemente der Wertesynthese nach Hepp

„Synthetischer Wertpragmatismus"	Werteradikalismus	
Austarierung der kontrastierten Wertgruppen	einerseits: Einseitige Betonung der Pflicht- und Akzeptanzwerte	andererseits: Einseitige Betonung der Selbstentfaltungswerte
Verantwortungsethik	einerseits: Gesinnungsethik moralischer Rigorismus	andererseits: Egoistische Erfolgsethik
Der „gemeinwesenorientierte" Bürger (Citoyen)	einerseits: Der Bürger als Untertan	andererseits: Der interessengeleitete Bürger
Das „wohlverstandene" Eigeninteresse (auf Tocqueville)	einerseits: Unterordnung des Eigeninteresses	andererseits: Das egoistische Eigeninteresse
„Kritische Loyalität" (Sutor)	einerseits: Anpassung	andererseits: Widerstand

Die Synthese ist im Sinne eines dauerhaften Ausgleichs zwischen den polarisierten Wertegruppen zu verstehen. Wertesynthese stellt daher auf der Ebene der Erziehungsziele eine Konzeption dar, die mit dem eingangs begründeten Spannungsverhältnis von Selbstbestimmung und normativer Bindung eng korrespondiert. Dabei können die bei Klages angegebenen Wertgruppen jeweils als Konkretisierungen der Pole „Selbstbestimmung" und „normative Bindung" verstanden werden. Die Vermittlung der Wertpole durch das Konzept der Wertesynthese schließt zugleich alle anderen Werttypen als normative Zielvorstellung Politischer Bildung in der Streitbaren Demokratie aus. Weder die fatalistische Passivität des

Resignierten, noch die Anpassung des *Konventionalisten,* noch der moralische Rigorismus des *nonkonformen Idealisten,* noch der Egoismus des *Hedomaten,* sind mit diesem Vermittlungsziel vereinbar. Allein der „aktive Realist" entspricht als normatives Leitbild dem Ziel der Wertesynthese und der hier beschriebenen demokratischen Streitbarkeit.[122] Die Streitbare Demokratie wünscht sich deshalb den „aktiven Realisten", der unter dem Aspekt der Partizipation als „interventionsfähiger und -bereiter Bürger" identifiziert werden kann und der mit Blick auf das Gemeinwohl ein ausgewogenes Verhältnis zwischen wohlverstandenem Eigeninteresse und Gemeinwesenorientierung lebt. Er aktualisiert politische Tugenden nicht nur unter einer aufgeklärt utilitaristischen Begründung, sondern im republikanischen Sinn auch als Ausdruck einer moralischen Selbstverpflichtung auf die gute Ordnung.[123] Dieser Bürgertypus ist das Wunschbild der Streitbaren Demokratie, wenngleich er durch diese nicht einfach herstellbar ist. Streitbare Demokratie kann daher auch immer nur die ermöglichende Bedingung einer in diesem Sinne zu entwickelnden Demokratiekompetenz des Bürgers sein.

---

122 Vgl. Hepp, 1989, S.16. Vgl. auch Klages, 1995, S.83ff. und Winkel, 1996, S.19f.
123 Dieses Bürgerbild ist auch anschlussfähig an die in den „Nationale(n) Bildungsstandards für den Fachunterricht in der Politischen Bildung an Schulen" formulierten Zielvorstellungen über die Förderung von Demokratiefähigkeit. Vgl. GPJE, 2004, S.9f.

5. Die Streitbare Demokratie als Réligion civile?

Die Streitbare Demokratie erhebt einen Selbstbehauptungsanspruch, der auf der Ebene der Länderverfassungen vielfach in Erziehungszielen als Aufforderung zur Entwicklung habitueller Demokratiekompetenz formuliert wurde.[124] Habituelle Demokratiekompetenz umschreibt dabei die Erwartung an die Einstellungen und persönlichen Werthaltungen der Bürger sowie an ein diesen Werthaltungen entsprechendes äußeres Verhalten. *(„Bürger sollen Demokraten sein und Demokratie leben!")* Für die Politische Bildung sind dabei zwei Fragerichtungen zu berücksichtigen, die bereits Rousseau in seinen Vorstellungen von einer Réligion civile umrissen hat. Die erste Fragerichtung erscheint in der folgenden Formulierung: *„Die Dogmen der bürgerlichen Religion müssen einfach, gering an Zahl und klar ausgedrückt sein, ohne Erklärungen und ohne Erläuterungen."*[125] Hierbei geht es *erstens* darum, den Wertbezug Politischer Bildung, der eingangs als Spannungsverhältnis von Freiheit und Bindung begründet wurde, zu substanziieren. Zu beantworten ist dabei die Frage, welche ethischen Minima des Zusammenlebens in einer pluralistischen Gesellschaft mit dem Spannungsverhältnis von Freiheit und Bindung in Einklang gebracht werden können. Die zweite Richtung erscheint in der Formulierung:

> „Es gibt daher ein rein bürgerliches Glaubensbekenntnis, dessen Artikel festzusetzen dem Souverän zukommt, nicht regelrecht als Dogmen einer Religion, sondern als Gesinnung des Miteinander, ohne die es unmöglich ist ein guter Bürger und ein treuer Untertan zu sein. Ohne jemanden dazu verpflichten zu können, sie zu glauben, kann er jeden aus dem Staat verbannen, der sie nicht glaubt; er kann ihn nicht als Gottlosen verbannen, sondern als einen, der sich dem Miteinander widersetzt und unfähig ist, die Gesetze und die Gerechtigkeit ernstlich zu lieben."

Somit stellt sich *zweitens* die Frage, welche Reichweite Regelungen haben dürfen, die einen normativen Minimalkonsens beschreiben und welche Verpflichtungskraft diesem Minimalkonsens erwachsen kann.[126]

---

124 Vgl. Scherb, 2003, S.15ff.
125 Rousseau, (1762) 1968, S.118f.
126 Rousseau, (1762) 1968, S.118f.

5.1 Substanz einer Réligion civile der Streitbaren Demokratie

Eine Antwort auf die Frage nach dem Inhalt eines verfassungsrechtlichen Geltungsanspruchs der Streitbaren Demokratie wurde in den Minimalkonsensdebatten zu geben versucht. Nach der Grundwertediskussion der 1970er Jahre stand im historischen Zusammenhang mit der deutschen Einheit eine Wiederbelebung des Sternbergerschen Verfassungspatriotismus im Mittelpunkt der Diskussion über einen substantiellen Minimalkonsens. Gleichzeitig hat eine deutsche Rezeption der amerikanischen Kommunitarismusdebatte die Minimalkonsensdiskussion belebt. Als Reaktion auf weitgehende normative Anforderungen der Kommunitaristen an einen Minimalkonsens in der pluralistischen Gesellschaft ist eine von Soziologen initiierte Renaissance der liberalen Konflikttheorie zu verstehen. Ihre normativen Bezüge markieren ein alternatives Substanziierungsangebot.

5.1.1 *Verfassungspatriotismus und Bürgergesellschaft als Substanziierungsangebot*

In einem Leitartikel für die Frankfurter Allgemeine Zeitung[127] hat Sternberger mit einer Erläuterung der Grundlagen des freiheitlichen Verfassungsstaates deutlich zu machen versucht, dass Patriotismus ursprünglich *Verfassungs*patriotismus war. Diese begriffliche Klarstellung konnte dazu führen, dass „Verfassungspatriotismus" eine Formel darstellt, die einen weitgehenden Diskussionskonsens über ethische Minima in der pluralistischen Gesellschaft signalisiert. Der Verfassungspatriotismus, wie Sternberger ihn verstanden hat, kennt gegenüber dem nationalstaatlich und nationalistisch (über)beanspruchten Patriotismus zwei Reduktionen, die bereits im Begriff *Verfassungs*patriotismus zum Ausdruck kommen. Damit kann eine Annäherung an inhaltliche Bestände in zweierlei Hinsicht zunächst ex negativo erfolgen:

Erstens: Die eine Reduktion beruht auf der „Entlegitimierung des deutschen Nationalismus" und der „Abgrenzung von der Ordnungsidee der ethnischen, kulturellen, kollektiven ‚Schicksalsgemeinschaft'"[128]. Auf die Frage nach dem kollektive Identität stiftenden Gehalt kann die Antwort daher *nicht* im Rekurs auf einen Begriff von Nation gegeben werden, der durch die jüngere deutsche Geschichte diskreditiert wurde. Für eine Beurteilung des Nationbezugs bei der Frage der Implemen-

---

127 Vgl. Sternberger in FAZ vom 23.5.1979. Vgl. auch ders. in FAZ vom 16.9.1959, abgedr. in Behrmann/Schiele, 1993, S.1ff.
128 Lepsius, 1989, S.254f.

5.1 Substanz einer Réligion civile der Streitbaren Demokratie 65

tierung des Verfassungspatriotismus muss zunächst registriert werden, dass die Herkunft des Patriotismusbegriffs historisch weit vor der Möglichkeit einer nationalstaatlichen oder nationalistischen Inspruchnahme liegt. So kam es Sternberger darauf an, an eine alteuropäische pränationale Tradition des Patriotismus zu erinnern, der „ursprünglich und wesentlich Verfassungspatriotismus gewesen ist (...) und (...) es heute in Deutschland noch und wieder sein könnte."[129] Hieraus ergibt sich andererseits keine Begründung für die deutsche Reaktion, die eine Identitätsbildung vor allem in der Form der Ablehnung all dessen sucht, was auch nur annähernd in die thematische Nähe des Begriffs Nation gerät. Dieser Auffassung des Nationbezugs ist deshalb zu entnehmen, dass eine Fortschreibung des Konzepts Verfassungspatriotismus unter den Bedingungen der Globalisierung eine Verortung im Spannungsfeld von Nationalbewusstsein und universalen politisch-ethischen Prinzipien bewirkt, wobei im Konfliktfall den universalen Prinzipien der Vorrang einzuräumen ist.[130] Die Implementierung des Begriffs Verfassungspatriotismus unter Berücksichtigung universal-ethischer Prinzipien bewirkt weiter, dass der Begriff der *Kulturnation* als Identitätskonzept, dessen identitätsstiftender Effekt auf der gemeinsamen Sprache, Kultur und Geschichte beruht, in seiner Bedeutung zurückgedrängt wird. Zutreffender erscheint der Rekurs auf den eine freiheitlich republikanische Tradition repräsentierenden Begriff der *Staatsnation*. Und: Vor dem Hintergrund globaler Probleme, die internationale Lösungen verlangen, spricht vieles dafür, auch den Begriff der Staatsnation durch „Staats*bürger*nation"[131] zu ersetzen, der mit der Identitätsbildung durch die dezidiertere Berücksichtigung der Teilnahmerechte der Bürger die Möglichkeit eröffnet, das Verständnis von Verfassungspatriotismus als Identitätskonzept stärker auf universal-ethische Prinzipien hin auszurichten.[132]

Zweitens: Neben der Abgrenzung von der Ordnungsidee des völkischen Patriotismus besteht in enger Verbindung dazu in Sternbergers Verfassungspatriotismus eine zweite Reduktion in der Zurücknahme der emotionalen und empathischen Elemente des Patriotismus. Sternberger sprach zwar 1947 von der „Liebe des Vaterlandes"[133], doch meinte er auch damals nicht den nationalen Enthusiasmus, der es erlaubte, „vaterländisch" mit „rechts" zu identifizieren. Später (1982) – offensichtlich sensibilisiert durch Fehlinterpretationen – umschreibt er die emotionalen Aspekte des Begriffs Verfassungspatriotismus mit „Verfassungsloyalität", „Anhäng-

---

129 Sternberger, 1990, S.32.
130 Vgl. Sutor, 1984 I, S.116.
131 Vgl. Gebhardt, 1993, S.36 mit Bezug auf Lepsius, 1989, S.245.
132 Vgl. Habermas, 1987, S.169ff.
133 Sternberger, (1947), 1980, S.33.

lichkeit" und „Zuneigung".[134] Reduktion der emotionalen Elemente heißt bei Sternberger jedoch nicht völliger Verzicht auf sie, sondern die kontrollierte Akzeptanz eines vorfindbaren Sachverhalts.

Nimmt man die beiden Reduktionen zusammen, dann legitimiert sich die Verbindung von Nation und Emotionalität eben nur in dem Konzept Verfassungspatriotismus, in der Beschränkung auf „eine wertrational geklärte Zuneigung zum eigenen Land".[135] Das nationale Element, welches mit dem Begriff Verfassungspatriotismus möglicherweise noch vereinbar wäre, sollte deshalb zutreffend als „Nationbewusstsein" bezeichnet werden[136]. Es geht im Konzept des Verfassungspatriotismus also um eine Schwerpunktsetzung. Den Fokus, auf den Nation und Emotionalität gerichtet sind, bildet die *Verfassung*.[137] Mit Verfassung meint Sternberger nicht das juristische Dokument und auch nicht die Gesamtheit der im Grundgesetz getroffenen Regelungen, „sondern eher die in dem Kürzel ‚freiheitliche demokratische Grundordnung' zum Ausdruck gebrachten ‚Essentials' unserer Verfassungsordnung"[138], die zu einer verantwortungsvollen Kritik als Voraussetzung für Verbesserungen der konkreten historisch-politischen Verhältnisse ermutigt.[139] Weil diese Verfassung „von der Art (ist), dass sie (...) zu bessern erlaubt, zu bessern uns ermuntert und ermutigt"[140], ist sie offen für die historische Entwicklung und gibt auch einer politischen (Partizipations)Kultur Raum. Diese Offenheit erscheint auch in dem von Sternberger verwendeten Begriff der *„lebende(n) Verfassung"*, der auf die Möglichkeit hinweist, im Verfassungspatriotismus auch weitgehend diejenigen Vorstellungen aufgehoben zu sehen, die mit dem Begriff der *Bürgergesellschaft* verbunden werden. So stellt Sternberger ausdrücklich fest, dass sich das Leben der Verfassung „nicht allein in den Parlamenten (...) nicht allein in den Regierungen und Verwaltungen" abspielt, sondern dass die Vielfalt der gesellschaftlichen Organisationen konstitutive „Kräfte der lebenden Verfassung" darstellen.[141] Diese „lebende Verfassung" will Sternberger allerdings nicht dem beliebigen Spiel der politischen Kräfte überlassen, sondern sieht sie eingebettet in eine sie garantierende *Staatlichkeit*. Ausdrücklich beharrt er auf dem Begriff „Staat", für den „Demokratie" nicht der beliebige Ersatz sei, so „als ob es eigentlich auch ohne Regierung

---

134 Sternberger, (1982), 1990, S.30f.
135 Sutor, 1993, S.39.
136 Vgl. Sutor, 1995a, S.5.
137 Vgl. Sternberger, (1979), 1993, S.3.
138 So Sarcinelli, 1993b, S.56 mit Bezug auf Sternberger (1979), 1993, S.3.
139 Vgl. Sternberger (1979), 1993, S.3.
140 Sternberger, (1979), 1993, S.3.
141 Sternberger, (1979), 1993, S.4.

ginge, wenn man das Volk nur machen ließe."[142] Für Sternberger sind deshalb die vorstaatlichen Menschenrechte erst durch den freiheitlich-demokratischen Rechtsstaat, „der sie nämlich in Bürgerrechte verwandelt" durchsetzbar.[143]

Zu einem normativen Konzept Politischer Bildung, deren vordringlichstes Relevanzkriterium die Aufrechterhaltung des Spannungsverhältnisses von normativer Bindung und Offenheit ist, kann deshalb zusammenfassend nur ein Verständnis von Verfassungspatriotismus beitragen, welches gekennzeichnet ist, *erstens* durch eine Abgrenzung von der Tradition des völkischen Nationalismus, die aber dennoch „Nationbewusstsein" erlaubt, *zweitens* durch eine Abgrenzung gegen patriotischen Enthusiasmus, die aber dennoch eine wertrational geklärte Zuneigung zum Vater- oder Mutterland ermöglicht, *drittens* durch eine Fokussierung auf die Essentials der Verfassung als Brücke zu universalistischen Prinzipien, *viertens* durch die Integration des Konzepts Bürgergesellschaft, aber nicht die ausschließliche Implementierung durch dieses Konzept und *fünftens* durch den Rekurs auf das Element der Verfasstheit, das in der Balance von Staatlichkeit und Bürgergesellschaft Letztere in ihrem Bestand erst garantiert.

5.1.2 Das Substanziierungsangebot des Kommunitarismus

Auch die in den USA initiierte Kommunitarismusdiskussion repräsentiert den Versuch, auf die Frage zu antworten, welche Mindestbedingungen erfüllt sein müssen, damit die zentrifugalen Kräfte in differenzierten Gesellschaften nicht zur Auflösung derselben führen. Während die als „liberal" bezeichneten Positionen die Gesellschaft *eher* über das *äußere Band* einer freiheitlichen Rechtsordnung hinreichend integriert sehen, sind die dem Kommunitarismus zuzurechnenden Positionen durch die Auffassung gekennzeichnet, dass es *eher* das *innere Band* einer von den Bürgerinnen und Bürgern geteilten Auffassung über die gute Ordnung ist, die eine Gesellschaft zusammenhält. Umstritten ist dabei lediglich die Frage, inwieweit und in welchem substanziellen Umfang vorpolitische Ressourcen für notwendig erachtet werden, um ein differenziertes Gemeinwesen aufrechtzuerhalten.[144] Vier Substanziierungsangebote können dabei grob unterschieden werden.

Erstens: Das Konzept des „Modus vivendi" von Charles Larmore[145] knüpft dabei an die ursprüngliche programmatische Tradition des Liberalismus an. Larmo-

---

142 Sternberger, (1979), 1993, S.3.
143 Vgl. Sternberger, (1979), 1993, S.3.
144 Vgl. Honneth, 1994, S.15.
145 Larmore, 1994 (1990), S.141.

res Antwort auf die Frage nach den integrativen Beständen moderner Gesellschaften enthält in dieser Hinsicht die schmalste Basis. Sie wird definiert durch diejenigen Verfahrensregeln, die die friedliche Koexistenz der Gesellschaftsmitglieder garantieren. Die programmatische Bezeichnung des kohäsionsbildenden Minimums als „Modus vivendi" bezieht sich in der stark pluralisierten Gesellschaft lediglich auf den kleinsten gemeinsame Nenner, einen Rechtsrahmen, der den Bürgern die Verfolgung ihrer partikularen Interessen ermöglicht. Allerdings hängt die Stabilität des sozialen Gefüges davon ab, dass – so Larmore – dieser „Modus vivendi" nicht im hobbesianischen Sinne allein strategisch verstanden wird, sondern im kantischen Sinne sich auf individualistische Ideale als einen moralischen Kern stützt, von dem angenommen wird, er sei für die verschiedenen Konzeptionen des guten Lebens irgendwie von Belang.[146] Insofern stellt der „Modus vivendi" bei Larmore durchaus ein Konzept minimaler Moralität dar.[147] Ansonsten sind moralische Überzeugungen die nicht *kommunisierbaren* Konstituentien gesellschaftlicher Integration, sondern gelten als im privaten Bereich angesiedelt. Zwar sind den Bürgern mehr moralische Prinzipien eigen als das bloße Bestreben, Frieden zu halten, doch liegt die Gemeinsamkeit lediglich in der Anerkennung und in dem äußeren Befolgen von Verfahrensregeln. Larmore begründet in diesem Zusammenhang die Forderung nach *Neutralität* als Konsequenz aus den kontroversen Vorstellungen des Guten. Gegenüber der klassischen Auffassung, dass die Vernunft zu einer einheitlichen Lösung führt und dem Staat die Aufgabe zukommt, die entsprechende substantielle Konzeption des guten Lebens zu besorgen, hält Larmore an der liberalistischen Prämisse fest, dass Einmütigkeit über Konzeptionen des guten Lebens eher das Produkt von Zwang sind.

Zweitens: Das Konzept des „übergreifenden Konsenses"[148] wird hauptsächlich vertreten in John Rawls' „Theorie der Gerechtigkeit". Hinsichtlich der Frage nach dem kohäsiven Element in der pluralistischen Gesellschaft kommt Rawls zu der Auffassung, dass die unterschiedlichen Gründe der Bürger, den gesellschaftlichen Zusammenhalt nicht aufzukündigen, sich in einem bestimmten Bereich über-

---

146 Vgl. Larmore, 1994 (1990), S.140f. Larmore wehrt sich in diesem Zusammenhang gegen die amoralische Interpretation der Konzeption eines „Modus vivendi" durch Rawls. Vgl. Larmore, 1994 (1990), S.141 mit Bezug auf Rawls, 1994 (1992), S.306.
147 Unzutreffend ist daher wohl auch Dubiels Bezeichnung dieses Konzeptes als „radikal-liberal". Wenn er in diesem Zusammenhang im Konzept des „Modus vivendi" auf die „Radikalisierung der klassischen liberalen Trennung von Privatheit und Öffentlichkeit" hinweist, hebt er auf genau die amoralische Interpretation ab, gegen die sich Larmore verwahrt. Vgl. Dubiel, 1994b, S.108.
148 Rawls, 1994 (1992), S.39.

5.1 Substanz einer Réligion civile der Streitbaren Demokratie

schneiden, einen „übergreifenden Konsensus"[149] bilden, der auf der Anerkennung minimaler Prinzipien beruht. Rawls konstruiert seine Gerechtigkeitstheorie dabei in der Tradition der Vertragstheorie. Seine Urzustandskonzeption ist jedoch von der Besonderheit gekennzeichnet, dass die Mitglieder der Gesellschaft von einem „Schleier der Unwissenheit"[150] umgeben sind, der es ausschließt, ein Bewusstsein partikularer Rollen im Sinne eines Verhandlungsvorteils, also in einem utilitaristischen Sinne, zu nutzen. Unter diesen Voraussetzungen wählen die Gesellschaftsmitglieder zwei Gerechtigkeitsgrundsätze, von denen der erste die egalitäre Zuerkennung von Rechten und Freiheiten gewährleisten soll und der zweite angesichts der Möglichkeit sozialer Stratifikation die Fairnessbedingungen festlegt, unter denen soziale Ungleichheit überhaupt legitimierbar ist.[151] Weitergehende Vorstellungen eines guten Lebens fallen jedoch nicht in den Definitionsbereich eines moralischen Minimums, auf das alle Gesellschaftsmitglieder verpflichtet werden könnten, weil die modernen demokratischen Gesellschaften gekennzeichnet sind von der Verschiedenheit der Weltanschauungen und „einer Vielfalt miteinander konkurrierender und inkommensurabler Konzeptionen des Guten"[152]. Rawls beansprucht nicht, mit seiner Gerechtigkeitstheorie eine Konzeption zu vertreten, die in einem epistemologischen Sinn wahr wäre.[153] Seine Konzeption gilt ihm als eine politisch-praktische Minimalposition, die allerdings durchaus in einem moralischen Sinne zu verstehen ist[154] und die im Gegensatz zur (utilitaristisch bestimmten) Vertragstheorie, für sich in Anspruch nimmt, eine „sicherere und akzeptablere Grundlage (...) bereitzustellen, als es der Utilitarismus zu ermöglichen scheint."[155]

Drittens: Weder Rawls' Gerechtigkeitstheorie noch Larmores Vorstellungen von einem „Modus vivendi" erscheinen den Protagonisten einer *„republikanisch-kommunitaristischen"* Konzeption belastbar genug, um gesellschaftliche Stabilität gewährleisten zu können.[156] Hauptsächlicher Kritikpunkt der Kommunitaristen an den liberalen Konzeptionen ist deren – jedoch unterschiedlich große – Tren-

---

149 Rawls, 1994 (1992), S.39 und S.65. Dubiel spricht in zutreffender Anerkennung der Differenzen in den individuellen Letztbegründungen eines Beitritts zu diesem Konsens von einem „überlappenden" Konsens (Dubiel, 1994a, S.491).
150 Rawls (1992) 1994, S.50. Rawls spricht im amerikanischen Original von einem „veil of ignorance".
151 Vgl. Rawls, 1994 (1992), S.41.
152 Rawls 1994, (1992), S.38.
153 Vgl. Rawls, 1994 (1992), S.43.
154 Vgl. Rawls, 1994 (1992), S.59.
155 Rawls, 1994 (1992), S.39.
156 Vgl. Forst, 1994, S.199.

nung zwischen dem kleinsten gemeinsamen Nenner, auf den die Gesellschaftsmitglieder zu bringen sind und ihren privaten moralischen Überzeugungen. Selbst der kleinste gemeinsame Nenner von politischen Minimalprinzipien hat nach Auffassung der Kommunitaristen einen moralischen Kern identitätsstiftender Grundüberzeugungen. Die gemäßigten Kommunitaristen, wie Taylor oder Barber, die bisweilen auch als „Republikaner" bezeichnet werden, weisen vor allem auf die möglichst breitgestreuten Partizipationschancen und das demokratische Procedere hin, durch welches die Bürger das gesellschaftliche Band immer wieder erneuern. Sie sind Anhänger der These, dass eine politische Gemeinschaft nur Bestand haben kann, wenn sich die Bürger mit ihr in einem gewissen Maße identifizieren.[157] Berührt wird hier auch die aus anderer Sicht zu stellende Frage nach dem Bürgerstatus. Die kommunitaristisch-republikanische Vorstellung sieht dabei den Bürgerbegriff nicht nur rechtlich, sondern auch moralisch implementiert, sofern das Recht zur aktiven Teilnahme eine Praxis begründet, die als ein Teil des guten Lebens angesehen wird.[158] Hier konstituiert sich für Taylor – der auch in der deutschen Diskussion über „Verfassungspatriotismus" wiederkehrende – Zusammenhang von Patriotismus und bürgerlichen Freiheiten.[159]

Viertens: Den *substanzialistisch orientierten Kommunitaristen* erscheint auch die über eine demokratische Partizipationskultur vermittelte Gemeinschaftlichkeit – wie sie in verschiedenen Konzeptionen der „civil society" zum Ausdruck kommt – nicht ausreichend. Gesellschaftliche Integration bedarf eines stärkeren Begriffs von politischer Partizipation, als er in der republikanischen Tradition angenommen wird. Gemeinschaft verlangt demnach die Identifikation des Bürgers mit einer substantiellen Vorstellung von Gemeinwohl. Bürgerschaft versteht sich daher in einem ethischen Sinne als Mitgliedschaft in einer sittlichen Gemeinschaft. Dabei gilt Patriotismus gilt als Tugend, durch die die in der republikanischen Sichtweise eher noch als Möglichkeit begriffene Teilnahme des Bürgers in die Nähe einer deontischen Ethisierung gerückt wird. Nach MacIntyre existiert eine weitgehende Wesensgleichheit zwischen den über tradierte Definitionen des guten Lebens integrierten kulturellen Gemeinschaften und den modernen staatlichen Einheiten.[160] Die Analogisierung der Familie mit der politischen Gemeinschaft findet sich in unterschiedlicher Ausprägung daher bei verschiedenen Autoren[161] und gilt quasi als weiteres Kennzeichen einer substanzialistischen Position. Bellah u.a. sehen deshalb in der Wieder-

---

157 Vgl. Taylor, 1994 (1989), S.118.
158 Vgl. Taylor, 1994 (1989), S. 125. Vgl. auch Forst, 1994, S.200.
159 Vgl. Taylor, 1994 (1989), S. 125.
160 Vgl. MacIntyre, 1994 (1984), S.85f.
161 Vgl. Sandel, 1982, S.172. Vgl. Taylor, 1994 (1989), S.111.

5.1 Substanz einer Réligion civile der Streitbaren Demokratie

belebung der kleinen überschaubaren und menschliche Beziehungen ermöglichenden Gemeinschaften kohäsive Elemente für größere politische Einheiten. Insbesondere das Engagement in Familie, Kirche, Nachbarschaft oder Schule gilt ihnen als eine Möglichkeit der kommunitären Rekonstruktion der großen staatlichen und globalen Gesellschaften.[162] Besonders in den Ausführungen von Bellah erscheint die politisch-praktische Orientierung des Kommunitarismus, sofern das gelebte Selbstverständnis zugleich konsens- und gemeinschaftsbildende Funktion hat. Bellah und seine Mitarbeiter halten es in diesem Zusammenhang für „evident, dass ein dünner politischer Konsens, der weitgehend auf Verfahrensangelegenheiten beschränkt ist, kein kohärentes und effektives politisches System tragen kann".[163] Gegen das liberale Argument, dass die Forderung nach einem substantiellen Konsens eher zum Konflikt als zu einer Integration der Gesellschaft beiträgt, führen sie die durch globale Probleme indizierte Dringlichkeit einer gemeinsamen moralischen Basis ins Feld. Der Mangel an gemeinsamer Überzeugung offenbart nach ihrer Auffassung nur einen Mangel an zutreffender Einschätzung der sich zuspitzenden ökonomischen und politischen Probleme. „Gegen die Tyrannei des Marktes", die das Engagement der Menschen in ihren unmittelbaren Lebensbezügen beeinträchtige und in zweiter Instanz auch für die Gesamtheit desintegrative Auswirkungen habe,[164] setzen Bellah u.a. mit Bezug auf Tocqueville eine Art Zivilreligion, die in den Schlusskapiteln von „Habits of the Heart"[165] entgegen der eher kühlen analytischen Argumentation bei Tocqueville mit der Einbettung biblischer Bezüge in eine emphatische Diktion beinahe die Form einer religiösen Predigt annimmt.[166]

5.1.3 Die Renaissance der Konflikttheorie als Substanziierungsangebot

In einem gewissen Sinne als „Alternative zum Kommunitarismus" und dessen bisweilen weitgehende Beanspruchungen des Gemeinsinns[167] wurde in der Politischen Soziologie eine Position formuliert, die eine Neubelebung der Konflikttheorie im Mittelpunkt einer Begründung gesellschaftlicher Kohäsion sieht. Dabei

---

162   Vgl. Bellah u.a., 1992, S.60.
163   Bellah u.a., 1987, S.297.
164   Vgl. Bellah u.a., 1992, S.60. Vgl. Bellah u.a., 1987, S. 333ff.
165   So lautet der Originaltitel der hier grundlegenden Publikation von Bellah und Kollegen, der aus Tocquevilles Schrift „Über die Demokratie in Amerika" stammt.
166   Vgl. die Einschätzung bei Reese-Schäfer, 1994, S.82f.
167   So die Einschätzung von Hirschman, 1994, S.295. Ähnlich Dubiel, 1994b, S.111 und Heitmeyer, 1997, S.453.

scheint die weltpolitische Entwicklung seit 1989/90 die Interpretation dahingehend beeinflusst zu haben, dass seit einiger Zeit die kohäsive Bedeutung gesellschaftlicher Konflikte mehr in den Vordergrund gerückt wird. Anlass für diese Neubewertung ist die historische Erfahrung, dass Gesellschaften, die eine Austragung der Konflikte ermöglichen, eher überlebensfähig sind als solche, die Konflikte unterdrücken.[168] Die Vertreter dieser Auffassung argumentieren von einer antitotalitären Position aus. Vor diesem Hintergrund begründen sie die Forderung, das Konzept des Konsenses, wie es in der Kommunitarismus-Diskussion vertreten wird, „auf den Kopf" zu stellen. Während die Kombattanten der Liberalismus-Kommunitarismus-Diskussion sich mehr oder weniger an den Gedanken Tocquevilles von einer subsidiären Konsensbildung anlehnen, zeigt sich für die Vertreter dieser neuen Konflikttheorie die Eigenart politischer Kultur in den heutigen westlichen Demokratien gerade – im Gegensatz zu Tocqueville – in einer „Auflösung ihres sinnhaften Netzwerkes, das in keiner Weise mehr als Anknüpfungspunkt einer organischen Totalität taugt."[169] Bei seinen Erläuterungen darüber, wie der Bourgeois als Träger partikularer Interessen in letzter Konsequenz doch zum Citoyen wird, also zum Teilnehmer an einem Prozess, „in dem das überparteiliche Interesse an symbolischen Praktiken reproduziert wird, die das Umschlagen von strategischer Gegnerschaft in gewaltförmige Feindschaft verhindern sollen", geht Dubiel davon aus, dass es sich weder um die Aktualisierung „konsensuell fixierter, durch substantielle Traditionen genährter Symbolbestände", noch um ein „von politischen Eliten kontrolliertes Wertereservoir" handelt, sondern um ein „fragiles symbolisches Kapital, das sich in erfolgreich gelösten oder besser: gehegten Konflikten selbst erst gebildet hat".[170] Die Frage von Integration und Desintegration wird also nicht entschieden durch die Überführung des Konflikts in Konsens. Gesellschaftliche Bindung wird daher nicht mehr als Auflösung gesellschaftlicher Konflikte beurteilt, sondern „als Regulation von sich perpetuierenden und verändernden Konflikten."[171] Konfliktregulierung führt daher die sozialen und politischen Differenzen und Spannungen nicht über in einen harmonischen Zustand der Integration, sondern „*Konfliktregulierung* (Hervorh. im Original; A.S.) selbst (repräsentiert) als Dauerzustand so etwas wie einen neuen Integrationsmodus moderner Gesellschaften."[172] Annäherungen an eine inhaltliche Fassung des moralischen Mini-

---

168 Vgl. Hirschman, 1994, S.294.
169 Dubiel, 1994b, S.112.
170 Vgl. Dubiel, 1994a, S.495.
171 Heitmeyer, 1997, S.447.
172 Heitmeyer, 1997, S.448.

5.1 Substanz einer Réligion civile der Streitbaren Demokratie

mums ergeben sich dabei in der Vermutung, dass sich die pluralistische Demokratie erst durch die „institutionalisierte Anerkennung ihrer normativen Desintegration integrieren kann"[173] und dass deshalb „Phänomene normativer Integration mit institutionalisierten Chancen demokratischer Partizipation verknüpft" (sind).[174]

Grundlegend für diese Konflikttheorie, die unter der ihren Urhebern entlehnten Bezeichnung als „Gauchet-Dubiel-These" die Debatte um die normative Grundlegung der pluralistischen Demokratie sehr stark beeinflusst, ist eine Neubewertung der konstatierbaren gesellschaftlichen Konflikte. In der Diskussion über die Tragfähigkeit der Behauptung von der kohäsiven Bedeutung gesellschaftlicher Konflikte gibt Hirschman zu bedenken, dass Dubiel genauso wie Gauchet sich dabei lediglich auf die demokratisch-marktwirtschaftlichen Systeme des Westens bezieht,[175] die möglicherweise einen (wenn auch nicht abschließenden) Beleg dafür erbracht hätten, dass „die Klassenkonflikte, von denen die Marxisten lange Zeit angenommen hatten, sie konstituierten die ‚Widersprüche', die zum Zusammenbruch des Kapitalismus führen würden, zu den wahren Stützen der Gesellschaft"[176] wurden. Für eine weitere Globalisierung der Gauchet-Dubiel-These angesichts der andernorts offenbar *nicht* friedlich regelbaren Konflikte trifft Hirschman eine Unterscheidung in „teilbare" und „unteilbare" Konflikte. Grundlage der Gauchet-Dubiel-These vom „Konflikt als Baustein der Gemeinschaft" ist die Unterscheidung von sozialen Konflikten nach zwei Arten, jenen, die als Resultat ihrer Aktualisierung

---

173 Vgl. Dubiel, 1994a, S.493 u. ders., 1994b, S.112f.
174 Dubiel, 1994a, S.495.
175 Hirschman, 1994, S.299. Dass jedoch bei der Entscheidung der Frage, ob Konflikte eine integrierende oder zerstörende Wirkung haben, die Globalität oder historische Spezifizierung des sozialen Systems eine große Rolle spielt, mag dem historischen Abriss über den „Beitrag von Konflikten zur sozialen Kohäsion" von Hirschman, 1994, S.296 entnommen werden, der als Vorläufer zu den von Georg Simmel 1908 veröffentlichten soziologischen Analysen des Streits die heraklitsche Auffassung vom Krieg als dem Vater aller Dinge referiert. Vgl. Hirschman, 1994, S.297.
176 Hirschman, 1994, S.302: „(Es) ist heute schwer zu verstehen, dass der Marxismus solange erfolgreich darin war, den gesellschaftlichen Konflikt, eindrucksvoll aufgemotzt als Klassenkampf, als den hauptsächlichsten und unversöhnlichsten Konflikt in modernen Gesellschaften zu präsentieren, wo es doch in Wirklichkeit jener ist, der sich am besten für die Kunst des Kompromisseschmiedens eignet." Dieser Uminterpretation der von den Marxisten vermeinten „antagonistischen Widersprüche" ist in anderen Zusammenhängen jedoch Ideologieanfälligkeit attestiert worden. Die Betonung der Oberfläche des Distributionsverhältnisses in der Gesellschaft galt Agnoli, 1978, S.23ff. als Instrument zur Verschleierung des antagonistischen Gegensatzes von Kapital und Arbeit auf der Produktionssphäre.

und ihres Durchlebtwerdens ein positives Nebenprodukt der Integration hinterlassen, und jenen, die die Gesellschaft sprengen. Kohäsive Wirkung entfalten dabei vor allem jene Konflikte, in denen es um ein *Mehr-oder-weniger* geht (teilbare Konflikte). Gesellschaftssprengende Wirkung entfalten jene Konflikte, in denen es um ein *Entweder-Oder* geht (unteilbare Konflikte). Die Betonung der kohäsiven Bedeutung von Konflikten wird dabei vor allem von der Auffassung unterstützt, „dass die Kategorie des Entweder-oder, des unteilbaren Konflikts, im Grunde genommen ein vorläufiges Etikett für eine Vielzahl von unbekannten Problemen ist, die völlig unterschiedliche Grade der Regelbarkeit haben. Diese Konflikte können nur allmählich verstanden werden, indem wir sie durchleben."[177]

Der mögliche kohäsive Effekt, der von der Regelung der sogenannten teilbaren Konflikte zu erwarten ist, kann allerdings kaum einen gesellschaftsübergreifenden substantiellen Konsens begründen. Realistischerweise muss davon ausgegangen werden, dass gesellschaftliche Konflikte kaum einmal die Gesamtheit der Mitglieder einer Gesellschaft umfassen. Es handelt sich meistens um Konflikte in gesellschaftlichen Teilbereichen, so dass auch das positive Erlebnis eines durchlebten Konfliktes zunächst erstens nur gesellschaftliche *Teilbereiche* erfasst, bestenfalls also Partialkonsense ermöglicht, und zweitens von einer dauerhaften kohäsiven Wirkung nicht ausgegangen werden kann.[178] Damit muss die Neuinterpretation gesellschaftlicher Konflikte ein Stück weit zurückkehren zu der bei Tocqueville begründeten und in der Kommunitarismus-Diskussion rezipierten Auffassung von der subsidiären Konsensbildung und der permanenten Erneuerung gesellschaftlicher Integration in einer vitalen Praxis. Wenn nun Dubiel die einzig notwendige Existenzbedingung für pluralistische Gesellschaften in der gesammelten Erfahrung sieht, sich durch zahlreiche teilbare Konflikte „durchgewurstelt" zu haben,[179] enthält sein Ansatz – entgegen seinem eigenen Bekunden – dennoch die Möglichkeit zu einer minimalen normativen Position, mit der er in die Nähe einer gemäßigt

---

177 Hirschman, 1994, S.304. Hirschmans Unterscheidung stellt insofern eine Weiterführung der Gauchet-Dubiel-These dar, als sie zum Verständnis einer historischen Entwicklung beiträgt, in der vermeintlich antagonistische Konfliktlagen (z.B. Kapital versus Arbeit) auf einer distributiven Ebene als „teilbare" Konflikte weitgehende Möglichkeiten der Regelbarkeit aufgewiesen haben, aus denen sich ein kohäsives Kapital entwickelt hat. Eine genauere Aufklärung darüber, wann welche Konflikte unter welchen Bedingungen als „teilbar" bzw. „unteilbar" klassifiziert werden können, ist die politische Soziologie bislang noch schuldig geblieben.
178 Bayertz, 1996, S.27 spricht in diesem Zusammenhang von einem „‚patch-work' lokaler Dissense und Konsense".
179 Vgl. Dubiel, 1994a, S.494. Ebenso Hirschman, 1994, S.302.

kommunitaristischen Auffassung rückt.[180] Denn: Die teilbaren Konflikte enthalten in ihrer Regelbarkeit eigentlich eine Voraussetzung, die bei den Vertretern der neuen Konflikttheorie vernachlässigt wird. Diese Voraussetzung ist die *wechselseitige Anerkennung* der konfligierenden Parteien. Insofern erscheint „das performative Selbstverständnis der Kommunitaristen und gemäßigten Liberalen, selbst Vehikel konsensbildender Diskurse zu sein", durchaus nicht unsinnig.[181] Die Neuinterpretation gesellschaftlicher Konflikte stellt damit keine Anti-These zu den kommunitaristischen Positionen dar, sondern eine Modifikation derselben, die die Binnenstruktur von Konsensen und deren Genese unter Berücksichtigung der Zeitdiagnose nur genauer zu analysieren versucht, um dann unterschiedliche Modi der Regulation von Konflikten zu eruieren.[182]

5.2 Verpflichtungsumfang einer Réligion civile der Streitbaren Demokratie

5.2.1 Bildungsziele als unbedingtes Erziehungsprogramm?

Die Frage nach dem Verpflichtungsumfang einer Réligion civile der Streitbaren Demokratie hat zunächst die Qualifizierung der „freiheitlichen demokratischen Grundordnung" in der Rechtsprechung in den Blick zu nehmen. Das Bundesverfassungsgericht geht dabei davon aus, dass „das Verfassungsrecht (...) nicht nur aus den einzelnen Sätzen der geschriebenen Verfassung (besteht), sondern auch aus ge-

---

180 Wenn Dubiel die Forderung erhebt, dass eine demokratische Gesellschaft auf jede noch so schwache Suggestion von Einheit verzichten solle (vgl. Dubiel, 1994a, S.493) distanziert er sich von den normativen Ansprüchen der Kommunitaristen. In seinen Ausführungen findet sich deshalb ein Widerspruch zwischen der Distanzierung von kommunitaristischen Positionen (vgl. auch Dubiel, 1994b, S. S.111) und dem ausdrücklichen Eingeständnis, sich mit der Theorie von der kohäsiven Kraft gesellschaftlicher Konflikte in der „Nähe einer gemäßigt kommunitaristischen Position" zu befinden.(Vgl. Dubiel, 1994a, S.495.)
181 Dubiel, 1994b, S.111 wollte sich in diesem Punkt von den Kommunitaristen abgrenzen, weil die bloße Annahme der Vermehrung von Konsens im demokratischen Zeitalter unhaltbar geworden (sei)". (Ebd.)
182 Heitmeyer (1997) hat unter der Fragestellung „Was hält die Gesellschaft zusammen?" unterschiedliche Autoren mit je spezifischen Auffassung über den Regulationsmodus in einem Sammelband zu Wort kommen lassen. „Was hält die Gesellschaft zusammen?" ist dabei der zweite Band eines zweibändigen Werkes, das sich unter dem Titel „Bundesrepublik Deutschland: Auf dem Weg von der Konsens- zur Konfliktgesellschaft" mit der Neuinterpretation gesellschaftlicher Konflikte auseinander setzt. (Vgl. ebd., S.457f.)

wissen, sie verbindenden, innerlich zusammenhängenden allgemeinen Grundsätzen und Leitideen."[183] In der Folgezeit bezeichnet das Bundesverfassungsgericht die freiheitliche demokratische Grundordnung als „objektive Wertordnung"[184], als „Wertordnung"[185] oder auch nur als „Ordnung"[186]. Anlass zu weit reichenden normativen Interpretationen dieser Nomenklaturen hat das Bundesverfassungsgericht im sogenannten *Lüth-Urteil* von 1958 gegeben. Dort geht das Gericht davon aus, dass das Wertesystem des Grundgesetzes „als verfassungsrechtliche Grundentscheidung für alle Bereiche des Rechts gelten (muss)"[187]. Hieraus wurde nun die Feststellung einer „dirigierenden Wirkung"[188] begründet. Als schließlich das Gericht im sogenannten *Soldaten-Urteil* expressis verbis von einem „Prinzip"[189] spricht, scheint eine deontologische Qualifizierung dieser „Wertordnung" angenommen zu werden[190], welche als eigenständige Rechtsquelle außerhalb des unmittelbaren Bereiches des Verfassungs*schutz*rechts als Interpretationsmedium für allgemeine Rechtsfragen herangezogen werden kann.[191]

Für die Interpretation der beamtenrechtlichen Verfassungstreuepflicht hat diese Qualifikation der „freiheitlichen demokratischen Grundordnung" Anlass gegeben, das sogenannte „Identifikationsmodell" dem „Dienst- und Gesetzlichkeitsmodell"[192] zu präferieren. Während das sogenannte „Dienst- und Gesetzlichkeitsmodell" bei der Interpretation der beamtenrechtlichen Verfassungstreuepflicht lediglich das

---

183 BVerfGE, 2, S.381.
184 Vgl. Kaufmann, 1991, S.5 mit dem Hinweis auf BVerfGE, 7, S. 198ff. (S.205). Der Bundesgerichtshof hat noch 1954 ein objektives unveränderbares Sittengesetz angenommen, mit dessen Hilfe das positive Recht unter der Prämisse des von ihm als maßgeblich erachteten „christlich-abendländischen Weltbildes" zu interpretieren war.
185 BVerfGE,5, S.139 und 6, S.40.
186 BVerfGE, 39, S.334 und S.347.
187 BVerfGE, 7, S.198ff. (S.205).
188 Lerche, 1961, S.61.
189 BVerfGE 28, S.49: „Die Bundesrepublik Deutschland ist eine Demokratie, die von ihren Bürgern eine Verteidigung der Demokratie erwartet und einen Missbrauch der Grundrechte zum Kampf gegen diese Ordnung nicht hinnimmt. (...) Dieses *Prinzip* (Hervorh.; A.S.) der Streitbaren Demokratie gilt auch für die innere Ordnung der Bundeswehr. Es ist deshalb eine Grundpflicht der Soldaten, durch ihr gesamtes Verhalten für die Erhaltung der freiheitlichen Ordnung einzutreten."
190 Vgl. zur deontologischen Qualifizierung der freiheitlichen demokratischen Grundordnung im Kontext einer zumindest in der frühen Judikatur des Bundesverfassungsgerichts nachweisbaren *Prinzipientheorie* der Grundrechte ausführlich Alexy, 1994, S.126ff. und 132f. Vgl. auch Harnischfeger, 1966, S.233f.
191 Vgl. Ridder, 1975, S.138. Vgl. Lameyer, 1978, S.13 und 1981, S.151.

5.2 Verpflichtungsumfang einer Réligion civile der Streitbaren Demokratie

äußere Verhalten in Betracht ziehen will, hebt das „Identifikationsmodell" auf die *innere Haltung* des Beamten ab.

Für das Verhältnis von „Wertordnung" und Handlungsnorm ergibt sich eine Strahlungswirkung der grundgesetzlichen „Wertordnung", die mindestens die Selbstbehauptung begründet und die hierauf bezogene Forderung an die staatlichen Organe, d.h. auch die Schule provoziert, diese Wertordnung durchzusetzen.[193] Vor dem Hintergrund der geschilderten rechtlichen Qualifizierung der grundgesetzlichen Wertordnung ließen sich die Bildungs- und Erziehungsziele in zahlreichen Länderverfassungen offenbar in dem Sinne interpretieren, dass die im Grundgesetz und – soweit damit im Einklang – die in den Länderverfassungen kodifizierten Minima ein Erziehungsprogramm begründen könnten, das eine unbedingte Umsetzung fordert.

Allerdings wird der Behauptung eines unbedingte Umsetzung fordernden Erziehungsprogrammes im Bereich der kodifizierten Minima des Grundgesetzes in der wissenschaftlichen Literatur auch widersprochen. Der auf der *rechtsdogmatischen Ebene* angesiedelte Haupteinwand lautet an dieser Stelle, dass eine Werttheorie der Grundrechte zur Zerstörung grundrechtlicher Freiheit in einem liberalen Sinn führt, weil die „in die Subjektivität gebundene Freiheit durch die Objektivität des Wertes" ersetzt wird. Dies bedeute eine inhaltliche Ausrichtung der Freiheit durch eine Inpflichtnahme auf die Wertordnung.[194] Nachdem die rechtliche Freiheit jedoch ein Wert unter anderen ist und gleichzeitig auch Bestandteil der Wertordnung, die ihre Strahlungswirkung hier auf die rechtliche Freiheit ausüben will, ergibt sich das Dilemma, dass eine Wertordnung, die wesentlich durch den Freiheitsbegriff mitimplementiert wird, diesen Freiheitsbegriff beeinträchtigen würde. Für den hier zu untersuchenden Sachverhat hat Isensee dieses dogmatische Problem in die Frage gefasst: „Kann der freiheitliche Staat zur Freiheit erziehen, ohne die Freiheit anzutasten?"[195]

---

192 Diese Typisierung trifft vor allem Böckenförde, 1981, S.13ff.
193 Vgl. Sutor, 1995b, S.71 mit einem Überblick über derartige Argumentationen.
194 Vgl. Böckenförde, 1974, S.1533.
195 Isensee, 1986, S.192. Zumindest was die etatistischen Implikationen der Forderung einer Erziehung zur Demokratie anlangt, hat schon Oetinger darauf hingewiesen, dass man „Erziehung zur Demokratie" auch als Propaganda bezeichnen muss, wenn damit die Erziehung zu einer bestimmten politischen Ordnung gemeint ist. Vgl. Oetinger, 1951, S.16f.

5.2.2 Verfassungstreuepflichten des „einfachen" Staatsbürgers und des Beamten

Unabhängig von der Frage nach der rechtsdogmatischen Qualifizierung der Wertordnung des Grundgesetzes ist den Verfassungsdiskussionen bereits eine in diesem Zusammenhang bedeutsame Differenzierung zwischen den Pflichten, die gegenüber den „einfachen" Staatsbürgern erhoben werden und den Pflichten, die für Beamte und Angestellte im öffentlichen Dienst gelten sollen, zu entnehmen. Während einige Länderverfassungen, die vor dem Grundgesetz in Kraft getreten sind, noch Treuepflichtbestimmungen für den „einfachen" Staatsbürger enthalten,[196] wurde in das Grundgesetz selbst eine entsprechende Regelung nicht aufgenommen. Der Verzicht im Grundgesetz wird mit dem Hinweis begründet, dass eine *gesinnungsmäßige* Bindung des Bürgers als unvereinbar mit den ihm gleichzeitig garantierten Freiheitsrechten angesehen wurde.[197] Es bestand deshalb weitgehend Konsens darüber, dass umfassende Treuepflichten dem „einfachen" Staatsbürger nicht abverlangt werden können, so dass die Formulierung im sogenannten „Soldaten-Urteil" des Bundesverfassungsgerichts, wonach „die Bundesrepublik (...) eine Demokratie (ist), die von ihren Bürgern eine Verteidigung der freiheitlichen demokratischen Grundordnung *erwartet* (Hervorh. A.S.),"[198] lediglich eine Erwartung an die Rechtstreue des Bürgers darstellen kann[199], darüber hinaus aber nur von appellativ-pädagogischer Relevanz ist, die kein Eindringen des Staates in die Sphäre der Gesinnungen legitimiert.[200] In diesem Zusammenhang wurde verschiedentlich darauf hingewiesen, dass es sich bei Treuepflichtforderungen um „Haltungen und Einstellungen der Gesinnung, der Moral, des Gewissens oder einer anderen inneren Instanz des Individuums"[201] handelt, mithin um vorkonstitutionelle moralische Bestände, die sich einem staatlichen Zugriff entziehen.[202] Es sei ein Wesensmerkmal des liberalen Verfassungsstaates, das Zusammenleben der Bürger auf äußeres Verhalten zu gründen und die Privatsphäre, das „Forum internum des Individuums und die in ihm verwurzelten inneren Pflichten des Gewissens, der Gesin-

---

196 Vgl. die Übersicht über die entsprechenden Verfassungsartikel bei Scherb, 1987, S.286ff.
197 Vgl. Klein, 1975, S.153f. Vgl. Ders., 1979, S.81. Vgl. Häberle, 1979, S.126. Vgl. Badura, 1982, S.869f. Vgl. Götz, 1983, S.22. Vgl. Bethge, 1985, S.256.
198 BVerfGE, 28, 48.
199 Vgl. Denninger, 1973, S.87.
200 Vgl. Isensee, 1986, S.194. Vgl. Sutor, 1995b, S.75. Vgl. Preuß., 1995, S.44f.
201 Preuß, 1995, S.44.
202 Vgl. Denninger, 1979, S.27 mit Hinweis auf Montesqieus „De l'esprit des lois", Buch 12, Kapitel 1: „Es kann geschehen, dass wohl die Verfassung frei ist, nicht aber der Bürger."

5.2 Verpflichtungsumfang einer Réligion civile der Streitbaren Demokratie

nung und der Religion der Selbstbestimmung der Individuen"[203] zu überlassen und deshalb als dem Zugriff des Staates entzogen anzusehen.

Im Gegensatz zur Treuepflichtanforderung an den „einfachen" Staatsbürger ist bereits aus verfassungsgenetischer Sicht davon auszugehen, dass die beamtenrechtliche Treuepflicht auf ein positives Eintreten für die obersten Grundsätze der Verfassung abhebt.[204] Die Forderung einer inneren Bindung des Beamten an die Grundsätze der Verfassung konstituiert ein identifikatorisches Treuepflichtverständnis als Eignungskriterium, auf das in der sogenannten „Gewährbieteklausel" in den Beamtengesetzen durchgängig Bezug genommen wird[205] und für die das Bundesverfassungsgericht in seinem „Extremisten-Beschluss" vom 22.5.1975 folgendes klargestellt hat:

> „Die politische Treuepflicht ist mehr als nur eine formal korrekte, im übrigen uninteressierte, kühle innerlich distanzierte Haltung gegenüber Staat und Verfassung. Vom Beamten wird erwartet, dass er diesen Staat und seine Verfassung als hohen Wert anerkennt, für den einzutreten sich lohnt."[206]

Für die Lehrpersonen an öffentlichen Schulen ergibt sich in diesem Zusammenhang das praktische Dilemma, wie sie zur „freiheitlichen demokratischen Grundordnung" erziehen können, ohne deren Freiheitscharakter zu konterkarieren.[207]

5.2.3 Erziehungsziele als „soft law"

Der verfassungsrechtliche Erziehungsauftrag führt in der öffentlichen Schule zu einem Aufeinandertreffen von Schülerinnen und Schüler, die als „einfache" Staatsbürger lediglich der Pflicht zur Rechtstreue unterliegen und Lehrpersonen, die als Beamte oder Angestellte in einem „öffentlich-rechtlichen Dienst und Treueverhältnis stehen"[208] und damit einer strengeren Verfassungstreuepflicht unterliegen. Für

---

203 Preuß, 1995, S.44. Vgl. ders. 1973, S.148. Vgl. Sutor, 1997, S.82.
204 Vgl. Scherb, 1987, S.266.
205 Vgl. z.B. die Formulierung des Bundesbeamtengesetzes: § 7, Absatz 1: „In das Beamtenverhältnis darf nur berufen werden, wer (...) 2. die Gewähr dafür bietet, dass er jederzeit für die freiheitliche demokratische Grundordnung im Sinne des Grundgesetzes eintritt." Vgl. die Übersicht über entsprechende Formulierungen in den Beamtengesetzen bei Scherb, 1987, S.300ff.
206 BVerfGE, 39, S.334f.
207 Isensee, 1986, S.192.
208 Artikel 33 Absatz 4 Grundgesetz: „Die Ausübung hoheitlicher Befugnisse ist als ständige Aufgabe in der Regel Angehörigen des öffentlichen Dienstes zu übertragen, die in einem öffentlich-rechtlichen Dienst- und Treueverhältnis stehen."

das pädagogische Handeln der Lehrerinnen und Lehrer liegt dabei erneut der Rekurs auf die vielzitierte Auffassung von Böckenförde[209] nahe, wonach ein freiheitliches Gemeinwesen die Bedingungen der eigenen Existenz selbst, d.h. von Staats wegen nicht herstellen oder sichern kann. Für die Bedeutung der kodifizierten Minima und der hierauf bezogenen Erziehungsziele in der Politischen Bildung stellt daher Häberles Terminus eines „soft law" die zutreffende Interpretation dar.[210] Erziehungsziele werden demnach als das geronnene Gemeinsame einer politisch-geschichtlichen Kultur qualifiziert, deren Zukunftsbedeutsamkeit sich dadurch erweist, dass „als Erziehungsziel mittelfristig nur praktiziert werden kann, was die offene Gesellschaft annimmt".[211] Das „soft law" entfaltet seine Wirksamkeit nicht durch die rechtsverbindliche Umsetzung durch eine staatliche Instanz, sondern auf Grund seiner immanenten Vernunft. Die Rede von der Verfassung als „Erziehungsprogramm" verstünde sich somit bestenfalls als Bindung der Lehrerinnen und Lehrer, in wissenschaftlicher und pädagogischer Verantwortung ihre Verfassungstreuepflicht als Ermöglichung einer „sittlichen Grundrechtskultur"[212] zu realisieren. Nur so kann der Ambivalenz freiheitlicher Verfassung Rechnung getragen werden, die darin besteht, dass sie *einerseits* ein Rechtsdokument darstellt, das sich gegen weit reichende Ethisierung sperrt, dass sie aber *andererseits* auf ethischen Voraussetzungen basiert, die sie selbst nicht rechtsverbindlich machen kann. Gerade unter den Freiheitsprämissen dieser Grundordnung ist die beamtenrechtliche Treuepflicht deshalb durch die Anforderung an die Lehrerinnen und Lehrer zu implementieren, dass sie die Pädagogen sein müssen, die die Subjekthaftigkeit der ihnen anvertrauten Schülerinnen und Schüler zu achten haben. Die Bedeutung der kodifizierten Minima und in deren Konsequenz der Erziehungsziele als „soft law" liegt darin, dass die Grundwerte, *„wie sie dem Pädagogen in der ihn verpflichtenden Verfassung vorgegeben sind, (...) weniger in ihrer Inhaltlichkeit, als vielmehr in ihrer Aufgabenhaltigkeit dem Heranwachsenden verständlich zu machen (wären)"*[213]. Die Wahrnehmung dieser Aufgabe setzt einen Spielraum voraus, der den Verfassungsstaat anhält, sich nicht zu weit in der Normierung von Erziehungszielen vorzuwagen. In diesem Sinne wären Erziehungsziele auch wenn sie in der Verfassung verankert sind, nicht „Herrschaftsinstrumente, sondern Orientierungshilfen in einem erziehenden Unterricht"[214]. Weil Erziehungsziele jedoch

---

209 Vgl. Böckenförde,1976, S.60. Vgl. Isensee, 1981, S.99f.
210 Vgl. Häberle, 1981, S.69f.
211 Häberle, 1981, S.76.
212 Löwisch, 1985. S.61.
213 Löwisch,1985, S.56.
214 Regenbrecht, 1990, S.62.

5.2 Verpflichtungsumfang einer Réligion civile der Streitbaren Demokratie

auch das geronnene Gemeinsame einer politisch-historischen Kultur darstellen, haben sie den Charakter einer „verfassungsrechtliche(n) Lebenshilfe", die die staatlich organisierte Politische Bildung als Angebot zu machen hat.[215] Für Politische Bildung ergibt sich hieraus die Aufgabe, die Rahmenbedingungen für eine verantwortungsvolle rationale Urteilsbildung zu besorgen. Sofern die Forderung nach Beachtung der Subjekthaftigkeit der Lernenden in einer in den Prozessen Politischer Bildung zu lebenden Grundrechtskultur verwirklicht wird, umschreiben die Grundsätze des Beutelsbacher Konsenses diese Rahmenbedingungen. Die Grundsätze des *Überwältigungsverbots, des Kontroversitätsgebots und die Forderung nach Berücksichtigung der wohlverstandenen Schülerinteressen* stellen insofern eine Transformation verfassungsrechtlicher Minimalkonsensforderungen auf die Ebene des politischen Unterrichts dar. Sie können als politikdidaktische Übersetzung derjenigen Prinzipien angesehen werden, die das Sinnkonzept des Grundgesetzes konstituieren und in dem Begriff der freiheitlichen demokratischen Grundordnung verfassungsrechtlich ausbuchstabiert wurden.

---

215 Vgl. Häberle, 1981, S.73.

6. Streitbare Demokratie und Demokratieerziehung

Verstand sich Politikwissenschaft nach 1945 normativ als Demokratiewissenschaft, so gilt dieser normative Bezug für die Politische Bildung umso mehr. Deshalb ist Demokratie-Lernen eine zentrale Aufgabe der Politischen Bildung. Um den Verdacht zu vermeiden, dass es sich dabei um eine technologische Werteübertragung, mithin um einen Prozess des Hinerziehens auf etwas Vorgegebenes handelt, ist die Politische Bildung bei der Formulierung von Kompetenzmodellen auf die Förderung von reflexiver Urteilskompetenz als Konzept der Selbsterziehung ausgewichen.[216] Pate für diese Art und Weise ein *normatives* Konzept des Demokratie-Lernens zu konstruieren,[217] steht vor allem der amerikanische Pragmatismus. Im Rekurs auf die Erziehungsphilosophie von John Dewey hatten die Amerikaner nach dem zweiten Weltkrieg versucht, mit ihrer Re-education-Politik, *„Demokratie als Lebensform"* zu etablieren, um Deutschland auf den demokratischen Weg zurück zu bringen. In den 1950er Jahren hat Friedrich Oetinger Deweys Vorstellungen von der gelebten Demokratie aufgegriffen und für sein eigenes Konzept der Partnerschaftserziehung fruchtbar gemacht. Eine eher verdeckte Rezeption hat in der Folgezeit den Pragmatismus aus dem Augenmerk entfernt. Erst Walter Gagels Hinweis, dass der Pragmatismus in verschiedenen konzeptionellen Entwürfen von Schmiederer bis Sutor als verborgene Bezugstheorie wirksam war[218], hat dazu geführt, dass die zuerst in den Erziehungswissenschaften initiierte Wiederbelebung des Pragmatismus auch in der Politischen Bildung angekommen ist. Dabei hat vor allem mit Jürgen Oelkers Neuedition von John Deweys „Democray and Education", eine Welle der Dewey-Rezeption begonnen, in deren Kontext auch in der Politischen Bildung wieder intensiv die Frage nach der Bedeutung von *erfahrener Demokratie* für die Entwicklung demokratischer Einstellungen und Verhaltensweisen thematisiert wird. Mit der verstärkten Hinwendung zum Subjekt in der Politischen

---

216 Vgl. Scherb, 2005b, S.270ff. sowie GPJE (Hg.), 2004, S.13ff.
217 Vgl. in diesem Zusammenhang die Beiträge von Pape, 2005, S.7ff. Scherb, 2005a, S.12ff.
218 Vgl. Gagel, 1995, S.205ff.

Bildung fand man in verschiedenen Metatheorien wie dem Radikalen Konstruktivismus und zunehmend auch im Pragmatismus eine philosophische Basis für Selbsterfahrung und Selbsttätigkeit, mit der vor allem die freiheitlichen Konnotationen der Demokratieerziehung bedient wurden. Gerade auch in der Nachwendezeit, in der in den neuen Bundesländern in den 1990er Jahren ein starkes politisches Orientierungsbedürfnis registriert werden konnte, war es nahe liegend, dass dieser Aspekt in Deweys gelebter Demokratie starke Aufmerksamkeit gefunden hat. Unter dem Aspekt der Freiheitsgewährleistung als Voraussetzung für erfolgreiches Lernen konkurriert der Pragmatismus jedoch mit einer anderen Metatheorie. Verstärkt ist in den letzten Jahren auch versucht worden, den Konstruktivismus für die Politikdidaktik fruchtbar zu machen. Zweifel an der Tauglichkeit des Konstruktivismus als Metatheorie Politischer Bildung ergeben sich jedoch im Kontext der in allen politikdidaktischen Kompetenzmodellen geforderten Aufgabe Politischer Bildung, zur politischen Urteilsfähigkeit der Lernenden beizutragen. Eine Thematisierung des Zusammenhang von Konstruktivismus und Demokratie-Lernen stellt hier zunächst einen Exkurs dar, wenngleich es zwischen Konstruktivismus und Pragmatismus durchaus Berührungspunkte gibt. Um den Mainstream der Argumentation nicht zu unterbrechen, werden entsprechende Hinweise in der Fußnote berücksichtigt. Da es weder mit der Konzeption Deweys noch mit dem Konstruktivismus gelingt, die freiheitlichen Konnotationen des Demokratie-Lernens ausreichend normativ abzusichern, begründet sich ein Rekurs auf die pragmatistische Konzeption von C.S. Peirce, der in diesem Zusammenhang Hinweise auf eine stärkere normative Fundierung des Demokratie-Lernens entnommen werden können.

6.1 Pragmatismus und Demokratie-Lernen I

Die Verbindung von „Democracy and Education" – so der Titel des erziehungsphilosophischen Hauptwerks von John Dewey – stellt sich her über die reflektierte Erfahrung einer demokratischen Praxis. Zwei Fragen müssen in diesem Zusammenhang beantwortet werden: *Erstens* stellt sich die (Teil)frage, ob Deweys Konzept auf Individualisierung und Sinndifferenzierungen unserer Zeit angemessen reagieren und diese Zeiterscheinung evtl. sogar produktiv nutzen kann. *Zweitens* stellt sich die (Teil)frage, welche normative Orientierung Dewey angesichts von Individualisierung und Sinndifferenzierung geben kann.

6.1.1 Deweys pragmatisches Konzept und der Individualismus der Postmoderne

Der Belastbarkeitstest des Dewey-Konzepts für die Postmoderne begründet sich aus zwei Perspektiven. Erstens handelt es sich bei der Bezeichnung „Postmoderne" um eine weithin akzeptierte Zeitdiagnose. Zweitens kann eben diese als die bislang radikalste Form gelten, in der Begründungen für normative Konzepte in Frage gestellt werden. Während die „Moderne" immer wieder den Versuch unternommen hat, das Mehrdeutige, das Inkompatible, das Widersprüchliche unter eine Fahne zu bringen und deshalb politische Großtheorien wie Liberalismus, Sozialismus, Kommunismus, Faschismus hervorgebracht hat, ist die Postmoderne von einem „Ende der Ideologien" gekennzeichnet. Gegen Ideologien hatte allerdings bereits die Moderne das Gegengift der Ideologiekritik entwickelt. Ideologiekritik ist ein Kind der Aufklärung. Sie vertraut auf Rationalität und Vernunft des Individuums. Das Neue gegenüber der Ideologiekritik der Moderne ist nun in der Postmoderne das Misstrauen und die Skepsis selbst gegenüber Vernunft und Rationalität.[219] In diesem Sinn wird die Postmoderne als eine Zeit, beschrieben, die die „Sinnlosigkeit zum Programm"[220] erhoben hat. Die Rede ist vom Ende der Meta-Erzählungen und von der Gefahr eines Pluralismus, der in Relativismus und in die Beliebigkeit abzugleiten droht. Dadurch hat die Pluralismustheorie von der Relativität aller Sollensansprüche im Denken der Postmoderne eine neue Radikalisierung erfahren, die vor allem auch in der Politischen Bildung die Frage aufwirft, was überhaupt noch legitimerweise getan werden kann.[221]

Als Voraussetzung für die Klärung der individualistischen Implikationen werden ausgehend von Deweys allgemeiner Beschreibung des Lernprozesses zunächst *Erfahrung* und *Interesse* als konstitutive Elemente seiner Erziehungskonzeption erläutert. In einem Aufsatz aus dem Jahre 1910 mit dem Titel „How we think" beschreibt Dewey den Lernprozess als Abfolge von fünf Schritten: Schritt 1: *Man begegnet einer Schwierigkeit;* Schritt 2: *Sie wird lokalisiert und präzisiert;* Schritt 3: Ansätze einer möglichen Lösung werden gesucht;* Schritt 4: *Logische Entwicklung der Konsequenzen des Ansatzes;* Schritt 5: *weitere Beobachtung und experimentelles Vorgehen führen zur Annahme oder Ablehnung.* Dieser Lernprozess kann als *„pragmatischer"* Lernprozess bezeichnet werden, weil die Überlegung der Beteiligten hinsichtlich der Frage, was getan werden muss, was zu tun ist

---

219 Vgl. Joas, 1996, S.359.
220 Vgl. Solzbacher, 1994, S.171ff. mit Bezug auf Lyotard.
221 Vgl. Heitger, 1990, S.12ff.

(griech.: prama) im Mittelpunkt steht.[222] Wenn man diese Beschreibung mit der Schulwirklichkeit vergleicht, dann fällt auf, dass die prinzipellen Unterschiede sowohl zu Deweys Zeit vorhanden waren, als es auch heute sind. Auch die heutige Schulsituation kennt überwiegend die *gestellte* Aufgabe, die Separierung des Lernens in Fächer, den vorgegebenen Lehrplan und die zentrale Stellung der Lehrperson. Diese konstitutiven Faktoren von Unterricht stellen für Lernende Vorgaben dar, auf die sie keinen Einfluss haben. Die Schulkritik Deweys klingt daher wie eine *aktuelle* Schulkritik. Er kritisiert, dass die Schule den Schüler als unbeteiligten Zuschauer betrachtet, dessen Geist sich Wissen durch unmittelbare geistige Bemühung aneignet.[223] Dagegen betont er die Bedeutung des Interesses[224] in der Erziehung. Nach seiner Auffassung besteht *„das Problem des Unterrichts (...) also darin, einen Stoff zu finden, der Schüler zu Betätigungen veranlasst, die einen von ihm als bedeutsam anerkannten Zweck, ein Interesse für ihn haben, so dass die Objekte nicht als ‚Turngeräte des Geistes' sondern als Mittel zur Erreichung von Zielen behandelt werden."*[225]

Überdies erlaubt die Schule nach Dewey kaum Ansätze (Plural!) von Lösungen, die von Lernenden erprobt werden, sondern geht unter Kontrolle und Führung der Lehrperson pfeilgerade auf das Ziel zu, das vorab feststeht:

> „Selbst der Kindergarten und die Montessori-Methoden haben es so eilig, ohne Zeitverschwendung zu Begriffsunterscheidungen zu gelangen, dass sie dazu neigen, die unmittelbare und natürliche Handhabung des vertrauten Erfahrungsmaterials zu missachten oder zu beschränken und dem Schüler sogleich Material zuführen, in dem die begrifflichen Unterscheidungen zum Ausdruck kommen, die die Erwachsenen ausgebildet haben."[226]

Dagegen setzt der zweite und dritte Schritt in der Struktur des Lernprozesses bei Dewey die Eigentätigkeit der Lernenden voraus. *Sie* sind es, die das Problem analysieren und dabei beginnen, über Lösungen nachzudenken:

> „Wir drücken uns oft so aus, als ob ‚eigenes Forschen' ein besonderes Vorrecht der Forscher oder wenigstens der fortgeschrittenen Studierenden wäre. Alles Denken ist jedoch Forschung, alle Forschung ist eigene Leistung dessen, der sie durchführt, selbst wenn das, wonach er sucht, bereits der ganzen übrigen Welt zweifelsfrei bekannt ist." (Hervorh. im Original; A.S.)[227]

---

222 Vgl. Dewey, (1911) 1951, S.75. Vgl. auch Dewey, (1916), 1993, S.218.
223 Vgl. Dewey, (1916) 1993, S.188.
224 Vgl. Dewey, (1916) 1993, S.188 u. S.175ff. Dewey, (1916) 1993 , S.189.
225 Dewey, (1916) 1993, S.178 gleichzeitig mit einer Kritik an der sog. „formalen Bildung", die das Interesse nicht berücksichtigt.
226 Vgl. Dewey, (1916) 1993, S.205.
227 Vgl. Dewey, (1916) 1993, S.198.

6.1 Pragmatismus und Demokratie-Lernen I

Hier entsteht für die Lernenden auch die Notwendigkeit über die *Konsequenzen* ihrer Lösung nachzudenken. Dieser *Pflicht zur Verantwortung* sind Schülerinnen und Schüler in den Lernprozessen, die unter der Führung von Lehrplan, Schulorganisation und Lehrperson konsequent auf das Ziel zusteuern, weitgehend enthoben.[228] Die „richtige" Lösung die unter der Führung der Lehrperson erreicht wurde, muss für Schüler auch keine Zweifel begründen, die Anlass geben könnten, durch weitere Beobachtung und experimentelles Vorgehen die gewonnenen Lösungskonzepte zu überprüfen. Für den schulischen Alltags ist nach wie vor die Bestimmung der Pädagogik als Geisteswissenschaft wirksam.[229] Sie führt zu der Auffassung, dass pädagogischen Sachverhalten die geisteswissenschaftliche Erkenntnismethode des Verstehens als angemessen erscheint. Diese bedarf nicht des Experiments und eines Trial-and-error-Verfahrens. Die Schulpraxis ist daher geprägt durch die Trennung von Erfahrung und Denken. „*Das Wort Schüler – so Dewey – bedeutet geradezu jemanden, der damit beschäftigt ist, Wissen aufzunehmen, nicht aber fruchtbar zu handeln.*"[230] Ein Etwas, das „Geist" oder „Bewusstsein" genannt wird, wird als von den körperlichen Organen der Betätigung wesensverschieden und völlig abgetrennt betrachtet. Dewey hält demgegenüber daran fest, dass *„der Bildungsvorgang Vorgänge des Erkennens insoweit (umschließt), als sie etwas zurücklassen, was sich anderem hinzufügt, was sinnvoll ist."*[231] Das Abstellen auf die Sinnhaftigkeit des Bildungsvorgangs schließt jedoch das Interesse als konstitutiven Faktor des Bildungsprozesses ein. Sinnhaftigkeit ist für Dewey untrennbar verbunden mit der Bedeutsamkeit für die Lernenden, durch die Lernprozesse erst *erziehliche* Wirkung entfalten können. Erfolgreiche Erziehung stellt sich für Dewey daher nur im Kontext von authentischer, originärer Erfahrung her.[232] Dewey bindet in seinen Begriff der Erfahrung durchaus den Bereich ein, der in der fachdidaktischen Diskussion mit dem Prinzip der *Handlungsorientierung* zu erfassen versucht wird. Nach Dewey bedeutet „Erfahrung" einerseits ein Gewahrwerden, ein Hinnehmen ein „Belehrtwerden". Er spricht hier von einem „passiven Erleiden". Andererseits wird Erfahrung zu *„einem Versuchen, zu einem Experiment mit der Welt".*[233] Dabei bildet das Einwirken und das Erleiden einen Kontext, der sich spiralförmig zur immer besseren Weltsicht entwickelt. Insofern ist Erfahrung ein Einwirken auf etwas, um auch die Wirkung zu erleiden. Damit

---

228 Vgl. Dewey, (1916) 1993, S.189.
229 Vgl. hierzu auch Konrad, 1998, S.23ff.
230 Vgl. Dewey, (1916),1993, S.188.
231 Vgl. Dewey, (1916) 1993, S.188.
232 Vgl. Dewey, (1916) 1993, 1993, S.186ff.
233 Vgl. Dewey, (1916) 1993, 1993, S.187.

ist Erfahrung bewusstes Tun, nicht bloße Betätigung. „Aus Erfahrung wird man klug"?, sagt der Volksmund und meint damit die gedankliche Verknüpfung unserer eigenen Lebensweise mit Vorgängen, in die wir eingebunden sind. Normativ gewendet bedeutet dies für ein Erziehungskonzept die Forderung, Prozesse anzubahnen, in denen die kognitive Rekonstruktion der eigenen Erfahrung ermöglicht wird. Hier liegen auch die individualistischen Implikationen des Pragmatismus begründet. Während also die individualistischen Implikationen des Pragmatismus nicht in Zweifel gezogen werden und somit behauptet werden kann, dass der Pragmatismus der Individualisierung der Lebensentwürfe in der Postmoderne durchaus in der Lage ist, Rechnung zu tragen, bleibt die Befürchtung, dass der Pragmatismus dieser Individualisierung der Postmoderne insofern zum Opfer fällt als er *keine* normative Begründung derjenigen Prinzipien vornehmen kann, auf denen der pragmatische Lernprozess gerade beruht. Damit rückt ein zweites Problem in den Vordergrund, nämlich die Frage, ob die pragmatische Konzeption von Dewey nicht der *postmodernen Beliebigkeit* erliegt.

6.1.2 Hat John Deweys Erziehungskonzept ein normatives Fundament?

Ausgehend von Deweys Beschreibung des Lernprozesses, lassen sich folgende Wesensmerkmale eines jeden Lernprozesses herausfiltern und auflisten. *Erstens:* Pragmatisches Lernen geht von der Lebenswelt der Lernenden aus und setzt an ihrer *Praxis* an. *Zweitens: Praxis* meint konkrete Problemsituationen, mit denen sich die Lernenden auseinander setzen. *Drittens:* Hieraus ergibt sich zumindest die Dominanz einer Handlungstheorie der Wahrheit, für die die *Kreativität des Handelns* der Lernenden die Quelle für die Problembewältigung darstellt. *Viertens*: Normative Aussagen sind durch die handelnde Auseinandersetzung mit der sozialen Realität einem beständigen Prüf- und Bewährungsverfahren unterzogen. *Fünftens:* Die freie Dialoggemeinschaft ist dabei die organisatorische Voraussetzung und der Bestimmungsgrund von Wahrheit.[234]

In allen Merkmalen ist die gleichberechtigte Teilnahme der Lernenden am Prozess der Lösungssuche im Lernprozess vorausgesetzt. Der pragmatische Lernprozess impliziert deshalb die demokratische Gesellschaft von Individuen, die sich wechselseitig als solche anerkennen und in der Zusammenarbeit sich auf die Suche nach Problemlösungen begeben. Ausdrücklich wird diese Implikation in *Merkmal 5* genannt. Auch Deweys Erfahrungsbegriff deutet darauf hin, dass der Blick auf

---

234 Vgl. Scherb 2000, S.28f.

6.1 Pragmatismus und Demokratie-Lernen I

den sozialen Kontext immer mitgedacht werden muss. Erfahrung bedeutet nach Dewey nämlich immer zugleich ein „Erleiden" der Wirkungen, die durch die eigene Handlung einer experimentellen Welterschließung erzielt wird. Dadurch enthält der Pragmatismus eine starke Affinität zu einer Theorie der pluralistischen Demokratie, in der für die reale Gemeinschaft der Wahrheitssuchenden und deren experimentelle Forschungsmethode die günstigsten Bedingungen vorgefunden werden.[235] An dieser Stelle muss die zweite Teilfrage wie folgt präzisiert werden: *Kann die Pädagogik John Deweys die Bedingungen, unter denen sie existiert, auch normativ begründen?*

Nachdem den Relativismus-Vorwürfen gegenüber dem Pragmatismus Deweys eher die Befürchtung einer zu starken Betonung der individualistischen Implikationen zugrunde liegt und ein pragmatisches Konzept deshalb kaum in den Verdacht gerät, die individualistischen Tendenzen der Postmoderne zu stark einzuschränken, hängt eine Beurteilung der Frage, ob der Pragmatismus Deweys in zutreffender Weise, d.h. in einer normativen Beziehung auf das Postulat „life must go on" reagieren kann, von der Möglichkeit ab, die relativistische Interpretation des Individualismus im pragmatischen Lernprozess zurückzuweisen.

Eine (allerdings schwache) normative Ausprägung der Pädagogik Deweys ergibt sich, wenn man das Missverständnis der Rezeption in der NS-Zeit ausräumt, wonach der Pragmatismus angeblich auf eine *Theorie des Zupackens* reduziert werden kann, die das Kognitive unterschlägt.[236] Die bei Dewey behauptete Einheit von Denken und Erfahrung kann als Bedingung der Möglichkeit zu verantwortungsethisch bestimmtem Handeln der Lernenden angesehen werden. Anhaltspunkte für diese Sicht gibt Deweys Erfahrungsbegriff. Sieht man diesen Erfahrungsbegriff im Zusammenhang mit den fünf Schritten des Lernprozesses, dann verbietet sich zumindest das verbreitete Missverständnis des pragmatischen Lernprozesses als eines „Learning by doing", das die kognitive Seite vernachlässigt. Dewey muss daher authentisch mit einem Prozess in Verbindung gebracht werden, der eher bezeichnet werden kann mit *„we are learning by thinking about what we are doing."*[237] Betrachtet man insbesondere *Schritt 4* des Lernprozesses, in dem die Folgen und Wirkungen möglicher Lösungsansätze in den Blick genommen werden, dann wird dadurch eine konsequenzialistische Sicht der Dinge mit verantwortungsethischen Implikationen nahegelegt. Zwingend erscheint diese Sichtweise jedoch nur insofern, als *Schritt 4* des Deweyschen Lernprozesses *(„Logische Entwicklung der Konsequenzen des Ansatzes")* eine Erfolgsorientierung ent-

---

235 Vgl. Gagel, 1995, S.205ff., S.221. Vgl. auch Detjen, 1988, S.380f. m.w.N.
236 Vgl. ausführlich Scherb, 2000, S.27f.
237 Vgl. die Kritik von Gagel, 1995, S.216 an der nicht-authentischen Dewey-Rezeption.

hält, die den Blick auf den Anderen und auf die soziale Umgebung voraussetzen muss. Damit scheint bei Dewey zumindest die freie *und gleiche* Dialoggemeinschaft normativ unterlegt. Offenbar hat Dewey in seinen *„Ethics"* selbst mögliche relativistische Konsequenzen seines Pragmatismus erkannt. Für die Beurteilung von *„richtigem"* Recht versucht er dort Maßstäbe zu formulieren, um dem Normativitätsdefizit entgegenzutreten. Dabei greift er zurück auf begriffliche Konstruktionen wie *„the very nature of the relation that binds people together"* oder *„common good"* oder *„the very idea of community"* oder *„truly common welfare"*[238]. Diese Postulate ethischer Minima hängen jedoch in der Luft, denn der empiristische Wesenszug des Pragmatismus lässt die Möglichkeit, vom aktuellen Willen der Lernenden unabhängige Maßstäbe über eine utilitaristische Begründung einzuführen, eigentlich nicht zu. Ein empiristisches Begründungsschema scheint in dem Bewährungsprozess eines Trial-and-error-Verfahrens lediglich die akzidentielle Zustimmung für eine Begründung ethischer Minima zuzulassen. Es ist jedoch sofort bereit, diese Minima wieder aufzugeben, wenn im *Muddling-through* andere Minima auch wiederum nur akzidentiell und situationsbedingt an deren Stelle treten. „Demokratie" wäre so einfach nur eine Hypothese, die durch das nachfolgende Lernen ggf. auch wieder verworfen werden kann. Als alleiniges Legitimationskriterium bleibt somit die empirische Akzeptanz.[239] Dieses Problem hatte Dewey selbst gesehen: Die Anfälligkeit seiner Erziehungsphilosophie, *Erziehung nicht material zu verstehen*, schützt er deshalb mit einem inkonsequenten teleologischen Anspruch.[240] Entgegen seiner pragmatischen Methode, mit der sich „Demokratie" bestenfalls als die Bewährung einer Hypothese legitimieren würde, versteht er demokratische Erziehung als moralische Kodierung, die zwischen der richtigen und der falschen Gesellschaft strikt zu unterscheiden versteht.[241] In der Zusammenfassung des Kapitels *„Der demokratische Gedanke in der Erziehung"* schreibt Dewey:

> „Eine unerwünschte ‚Gesellschaft' (...) ist eine solche, die durch Schranken, die sie innerhalb ihrer selbst und um sich herum aufrichtet, den freien Verkehr und den Austausch der Erfahrung hemmt. Eine Gesellschaft dagegen, die für die gleichmäßige Teilnahme aller ihrer Glieder an ihren Gütern und für immer erneute biegsame Anpassung ihrer Einrichtungen durch Wechselwirkung zwischen den verschiedenen Formen

---

238   Dewey, (1908) 1932, S.237f., 343f., 383, 386. Vor dem Hintergrund totalitärer Systeme hat Dewey, 1927, S.109 die Anfälligkeit seiner Erziehungsphilosophie, *Erziehung nur instrumentell (nicht material) zu verstehen*, erneut thematisiert.
239   Vgl. hierzu ausführlich Detjen, S.401ff.
240   Vgl. auch Oelkers, 1993, S.510.
241   Ebd., S.510.

6.1 Pragmatismus und Demokratie-Lernen I

des Gemeinschaftslebens sorgt, ist insoweit demokratisch. Eine solche Gesellschaft braucht eine Form der Erziehung, die in den einzelnen ein persönliches Interesse an sozialen Beziehungen und am Einfluss der Gruppen weckt und diejenigen geistigen Gewöhnungen schafft, die soziale Umgestaltungen sichern, ohne Unordnung herbeizuführen."[242]

Damit entsteht der Eindruck, dass Deweys Rekurs auf unverbrüchliche Bestandsvoraussetzungen einer pluralen Gesellschaft eine in das Gesamtkonzept seiner pragmatischen Erziehungsphilosophie nicht integrierte Hypothek im überpositiven Recht aufnimmt.[243] Die Wertentscheidung für Demokratie, Menschenwürde und Anerkennung der Person liegt dem demokratischen Erziehungsprozess voraus. „Demokratie als Lebensform"[244] ist ein *performatives* Konzept, das nur solange Demokratie begründet, wie eben der Prozess tatsächlich stattfindet. Zu dieser Einschätzung gelangt auch Rorty, der sich umfassend um eine Rezeption der pragmatischen Philosophie von John Dewey bemüht hat.[245] Er meint, dass der Pragmatismus wie ihn Dewey vertritt, keine metaphysischen Garantien für die Art und Weise der Erziehung gibt, die bei Dewey beschrieben wird. Zwar könne in der Postmoderne nicht mehr der Glaube und auch keine autoritäre Schulorganisation Bildung und Erziehung besorgen, sondern nur eine demokratische Praxis. Diese müsse aber mit dem Risiko ihrer selbst fertig werden.[246]

Wie ist Deweys Hauptwerk *„Democracy and Education"* nun zu verstehen? Dewey propagiert nicht Erziehung *zur* Demokratie als Erziehung zu etwas Fremdem, Neuem, gar Äußerem. Die praktischen Fehler der Amerikaner, die sich mit ihrer Re-education-Politik auf Dewey beriefen, ihn aber verfälschten, weisen die Richtung. Demokratische Erziehung gelingt nicht als ein *Hin*erziehen oder *Um*erziehen, sondern kann nur auf Erfolg hoffen, wenn der Erziehungsprozess selbst kontinuierliche demokratische Praxis ist. Die Projektmethode als pädagogisches Paradestück der Erziehungsphilosophie Deweys setzt demokratische Gesinnung bereits voraus, reproduziert sie jedoch gleichzeitig in praxi. Keinesfalls kann sie jedoch Demokratie philosophisch neu generieren. Über das *Wie*, den Prozess der Erziehung erfährt man durch Dewey allerdings, dass für die Lernenden Erziehung als Wertübertragung erfolglos wäre. Erziehung versteht er deshalb als einen ein Akt

---

242 Dewey, (1916), 1993, S.136.
243 Dies führt zu der Einschätzung, dass der amerikanische Pragmatismus nur deshalb keine Gefährdung des demokratischen Verfassungsstaates darstellt, weil er „naturrechtsgesättigt" ist. Vgl. Detjen, 1988, S.401.
244 Dewey, (1916), 1993, S.121.
245 Vgl. Rorty, 1991.
246 Vgl. Rorty, 1982, S.174.

der autonomen kognitiv-moralischen Aneignung in einer demokratischen Praxis. Insofern könnte Dewey auch als geistiger Ahnherr des *didaktischen Konstruktivismus* interpretiert werden.

6.2 Exkurs: Demokratie-Lernen und Konstruktivismus[247]

Wegen seiner interaktionistischen Implikationen wird gelegentlich ein enger Zusammenhang des Konstruktivismus mit demokratischen Prinzipien angenommen.[248] Daher ist v.a. zu klären, ob Lernprozesse durch den Konstruktivismus als Prozesse des Demokratie-Lernens begründet werden können. Ausgehend von einer Darstellung der Grundannahmen des Konstruktivismus sind zwei Teilfragen zu beantworten. Die erste Frage lautet: Welche Bedeutung hat der Konstruktivismus für die gelebte Demokratie? (Lernprozesse als performativ demokratische Prozesse) Die zweite Frage betrifft das Demokratie-Lernen im engeren Sinne. Welchen Beitrag leisten aus konstruktivistischer Sicht Prozesse der politischen Urteilsbildung für die Förderung von Demokratiekompetenz?[249]

6.2.1 Grundannahmen des Konstruktivismus

Der Konstruktivismus beruht auf Ergebnissen neurobiologischer Forschungen, die v.a. von Humberto Maturana und Francisco Varela vorgetragen und von Ernst von Glasersfeld, Heinz von Foerster und Paul Watzlawik in den 1970er Jahren für eine philosophische Theorie des Wissens fruchtbar gemacht wurden.[250] Die neurobiologischen Prämissen des Konstruktivismus[251] lassen sich in sieben Punkten zusammenfassen, aus denen dann drei Schlussfolgerungen für eine konstruktivistische Lerntheorie formuliert werden können:

---

247 Gemeint ist im folgenden immer der sogenannte „Radikale Konstruktivismus".
248 Vgl. Reich, 2000, S.177f.
249 Vgl. unter *4.1 Dimensionen bürgerschaftlicher Demokratiekompetenz* (Abbildung 1, S.49).
250 Vgl. Scherb, 2002, S.11ff. Vgl. ausführlicher zur Geschichte des Konstruktivismus z.B. Jensen, 1999, S.181ff.
251 Dieser Naturalismus beinhaltet die Position eines „harten" Realismus, der allerdings in der Aussage, „alles sei eine Konstruktion" geleugnet wird. Vgl. Sandkühler, 1999, S.1349 r.Sp.

6.2 Exkurs: Demokratie-Lernen und Konstruktivismus

Erstens: Das Gehirn hat keinen direkten Zugang zur Welt, sondern nur zum neuronalen Output seiner Sinnesrezeptoren.

Zweitens: Sinnesrezeptoren übersetzen die spezifischen Reize der Außenwelt in eine neuronale Einheitssprache.

Drittens: Die neuronale Einheitssprache besteht aus elektrischen Impulsen bzw. Aktionspotentialen.

Viertens: Elektrische Impulse unterscheiden sich in ihrer *Intensität* (d.i. die Frequenz der Aktionspotentiale, also die Zahl der Impulse pro Zeiteinheit) und ihrer *Dauer*, nicht aber in ihrer Qualität voneinander.

Fünftens: Die *Qualität* der Reize der Außenwelt (das So-Sein) geht durch die Übersetzungstätigkeit der Sinnesrezeptoren verloren. Die neuronale Einheitssprache ist bedeutungsfrei.[252]

Sechstens: Die Sinnesrezeptoren und die weiterleitenden Nervenfasern übermitteln somit bedeutungsfreie elektrische Impulse an das Gehirn.

Siebtens: Lebende Systeme haben aber Sinnesempfindungen und diese Sinnesempfindungen sind qualitative Phänomene.

Aus diesen neurobiologischen Prämissen, also aus der Annahme, dass Sinnesrezeptoren keine qualitativen, bedeutungshaltigen Signale übermitteln können, ergibt sich:

Achtens: Es muss das Gehirn, bzw. ein bestimmter Ort im Gehirn sein, an dem eine neuronale Erregung eintrifft und verarbeitet wird. Dort wird die Modalität und Qualität von Sinnesempfindungen erzeugt.

Neuntens: Das Gehirn *konstruiert* also die erfahrene Welt.

Zehntens: Deshalb enthält auch die vom Gehirn konstruierte Welt keine Informationen über die Außen-Welt, d.h. über das, was wir „die Realität" nennen, sondern lediglich Informationen über die vom Gehirn konstruierte Wirklichkeit.[253]

Konsequenterweise wird zugestanden, dass diese Annahmen selbst den Charakter von Konstruktionen haben, die zu einer ganzen Reihe von Forschungsergebnissen aus der Psychologie, der Neurobiologie und den Kognitionswissenschaften passen. Diese Forschungsergebnisse tragen jedoch nichts zur „Wahrheit" des Modells bei. Sie passen eben mit anderen Forschungsergebnissen zusammen. Konstruktivisten ersetzen den Begriff der Wahrheit (im Sinne einer Abbildung von Realität

---

252 Glasersfeld, 1997, S.189 weist in diesem Zusammenhang auf die „Verirrung (hin), wenn behauptet wird, dass die Signale, die wir von unseren Sinnesorganen erhalten, einen Code darstellen, der Informationen über die Realität vermittelt."

253 Zur Begriffsklärung vgl. Roth, 1994, S.280 u. 288, der die phänomenale Welt als „Wirklichkeit" und die bewusstseinsunabhängige Welt als „Realität" bezeichnet.

im Modell) durch den Begriff der *Viabilität*, in dem zum Ausdruck kommt, dass unterschiedliche Konstruktionen aus unterschiedlichen Richtungen und Perspektiven irgendwie zueinander passend (viabel) gemacht wurden.[254] Aus den neurobiologischen Annahmen ergeben sich einige *erkenntnistheoretische Besonderheiten* des Konstruktivismus, die für die Frage nach seiner Leistungsfähigkeit für Politische Bildung bedeutsam sind. Diese *Besonderheiten* werden mit der Betrachtung des vom Konstruktivismus verwendeten spezifischen Realitätsbegriffs deutlich. Unser Alltagsverständnis lehnt sich an die erkenntnistheoretischen Vorstellungen des *Realismus* an. Es geht davon aus, dass wir erkennen, indem wir ein Etwas, das außerhalb unseres Bewusstseins existiert, durch geistige Anstrengung irgendwie und mehr oder weniger getreu in unserem Denken abbilden. Dabei werden zwei Realitäten unterschieden: *Erstens* die Objekt- oder Außenwelt und *zweitens* die Innenwelt als Repräsentation dieser Außenwelt im Bewusstsein des erkennenden Subjekts. Die erste Realität, die Objekt- oder Außenwelt, bezeichnen Konstruktivisten weiterhin als „*Realität*". Für die zweite Realität führen sie den Begriff „*Wirklichkeit*" ein. Die Rückführung auf das Verbum „wirken" soll die Tätigkeit eines erkennenden, d.h. *konstruierenden* Subjekts deutlich machen.[255] Die Differenzierung von (ontischer) Realität und der (konstruierten) Wirklichkeit wird im Konstruktivismus zunächst nicht aufgegeben. Eine vom Subjekt unabhängige Realität, *eine Außenwelt* wird durch den Konstruktivismus nicht geleugnet. Aber *erkenntnistheoretisch* gibt es keine Realität hinter unserer Wirklichkeit. Unser Denken stellt nach Auffassung der Konstruktivisten keine Abbildung einer äußeren Realität dar. Der Konstruktivismus vertritt also einen *erkenntnistheoretischen Solipsismus*. Wissen ist nämlich immer nur die *Erfindung* unseres *eigenen* kognitiven Apparates. Der Konstruktivismus unterscheidet sich aber gleichzeitig von solipsistischen Konzeptionen, die nur das eigene Bewusstsein *als Realität* gelten lassen.[256] Im Gegenteil anerkennt der Konstruktivismus sogar, dass die außenweltliche ontische Realität der Anstoß für Erkenntnis ist: „Die Realität bringt die Wirklichkeit hervor, aber die Realität existiert nicht (besser: „wird nicht repräsentiert"; A.S.) in der Wirklichkeit".[257] Der Konstruktivismus vertritt also einen *erkenntnistheoretischen,* aber keinen *ontologischen* Solipsismus.

---

254 Vgl. Glasersfeld, 1997, S.190f. Hier manifestiert sich vielleicht eine Art *Kohärenztheorie der Wahrheit.*
255 Früher schon hat Uexküll, 1921, S.218 von der „Merkwelt" und der „Wirkwelt" bei Tieren und Menschen gesprochen.
256 Vgl. Sandkühler, 1999, S.1354, der darauf hinweist, dass gelegentlich unter Konstruktivisten auch ein ontologischer Solipsismus vertreten wird.
257 Roth, 1992, S.321.

6.2 Exkurs: Demokratie-Lernen und Konstruktivismus

Allerdings erfährt die Beziehung von Realität (= die äußere, bewusstseinsunabhängige Welt) und Wirklichkeit (= die innere Konstruktion der Welt) im Konstruktivismus eine eigenartige Deutung. Denn: Realität und Wirklichkeit werden nicht im korrespondenztheoretischen Sinne einer *„adaequatio rei et intellectus"* aufgefasst, sondern jede Aussage über die Realität gilt als interne Bedeutungszuweisung. Diese Wirklichkeit/diese kognitive Realität des Konstruktivisten ist daher auch nicht eine irgendwie geartete innere Repräsentation einer Außenwelt – so wie dies in den verschiedenen Ausformungen des Realismus gesehen wird. Was der Realist als „Außenwelt" bezeichnet ist – konstruktivistisch gesprochen – nichts anderes als eine intern erzeugte kognitive Imagination, der außerhalb nichts entsprechen muss.

6.2.2 Lernprozesse als demokratische Prozesse?

Konstruktionen sind also zunächst die autopoietische Leistung des Individuums. Sie gelingen in dem Maße, wie dem Individuum Freiheit zur eigenen Konstruktion gegeben wird. In der wissenschaftlichen Pädagogik wurde hieraus die Forderung begründet, anregende Lernumgebungen zu ermöglichen. Will aber der Lernende sein Wissen für eine erfolgreiche Praxis in einer hochdifferenzierten Gesellschaft nutzen, dann muss für ihn die Kommunikation mit anderen gelingen. Der Lernende muss den Rückzug auf sich selbst als autonomen Prüfstein seines Wissens aufgeben. Er muss sein Wissen, seine Urteile und Meinungen *intersubjektiv* absichern. Diese Absicherung des Wissens in der Kommunikation gelingt für den Konstruktivisten über das Herstellen von Viabilität. Etymologisch ist Viabilität auf „via" (lat. Weg) zurückzuführen und bedeutet Gangbarkeit oder *Passung von Konstruktionen*. Diese Passung soll es dem Individuum ermöglichen, sich in seiner (sozialen) Umgebung zurechtzufinden, zu überleben. Es geht darum, dass es dem Individuum gelingt, seine Konstruktionen anschlussfähig zu machen an die Konstruktionen anderer. Hier wird zugleich deutlich, dass aus konstruktivistischer Sicht Erkenntnis- und Lernanstrengungen nicht zum Zweck der Wahrheitsfindung unternommen werden, sondern als (Über)-Lebensstrategie zu verstehen sind.[258] Dieser notwendigerweise kommunikative Charakter von Lernprozessen führt zu der Frage, ob *erstens* Kommunikation und Intersubjektivität *demokratisch im-*

---

258 Vgl. Siebert, 1994, S. 34 u. S.47. Vgl. auch Terhart, 1999, S.632

plementiert werden können und ob *zweitens* diese demokratische Implementierung *normativ ausgezeichnet* werden kann.[259]

Erstens: Zunächst bedeutet Konstruktivismus de facto die *Freiheit der je eigenen Wirklichkeitskonstruktion.*[260] Viele dem Konstruktivismus zugeneigte Autoren versuchen in diesem Zusammenhang aus dem Charakter der erzielten Lernergebnisse ein *Toleranzprinzip* zu begründen. Die Begründung lautet wie folgt: Wenn Viabilität nicht zu verstehen ist als Suche nach Wahrheit (in einem korrespondenztheoretischen Sinne)[261], sondern als Sicherung des Überlebens[262], dann bleibt es der sozialen Interaktion überlassen, welche substantiellen Inhalte (Urteile, Auffassungen, Meinungen, eben Konstruktionen), diese Viabilität und damit das Überleben gewährleisten. Die Übereinstimmung von Konstruktion und bewusstseinsunabhängiger Außenwelt fällt ja im Konstruktivismus als Möglichkeit, beliebigen Konstruktionen Grenzen zu setzen, aus. Insofern kann kein Lernergebnis, kein Wissen einen irgendwie gearteten Anspruch auf Höherwertigkeit erheben. „In letzter, (metaphysischer) Konsequenz wird dieser grundsätzlich konstruierte und daher immer vorläufige Status allen Wissens als zwingende *Aufforderung zur Toleranz* zwischen den Wissens- und Überzeugungssystemen und ihren Anhängern betrachtet."[263] Daraus ergibt sich weiter, dass der konstruierte Status des Wissens auch als Begründung der gleichberechtigten Konstruktionen und der *Gleichheit der Konstrukteure* herangezogen wird. Wenn man nämlich Erkenntnisprozesse und darauf bezogene Urteile als Konstruktionen betrachtet, muss prinzipiell jeder in der Lage sein, für seine Auffassung Gründe anzugeben, die denen des Gegen-

---

259 Reich, 2000, S.177f. sieht sogar einen untrennbaren Zusammenhang zwischen Konstruktivismus und demokratisch implementierter Interaktion.
260 Siebert spricht von der Konstruktion von Lebenswelten (Untertitel seines Buches von 1994).
261 Vgl. Siebert, 1994, S.34. „Wahrheit in diesem Kontext zeigt sich nicht mehr in einer ‚Realität in sich', ‚da draußen', die wir bloß finden müssen, sondern der Mensch das Subjekt, wird in seiner Bedeutung und Rolle als Wahrheiten generierendes Wesen zu bestimmen versucht. Und genau das ist auch der Ansatzpunkt des Konstruktivismus (Reich, 2000, S.90). Man könnte ergänzen, dass dies auch der Ansatzpunkt des Pragmatismus ist. „Die Vorstellung wird wahr, wird durch Ereignisse wahr gemacht. Ihre Wahrheit ist tatsächlich ein Geschehen, ein Vorgang und zwar ein Vorgang ihrer Selbstbewahrheitung, ihre Verifikation. Die Geltung der Wahrheit ist nichts anderes als der Vorgang des Sich-Geltend-Machens". William James (1907) zit. bei Oehler, 1977, S.126.
262 Auch in dieser Überlebensorientierung ist eine Nähe zum Pragmatismus feststellbar. Vgl. auch hier unter *6.3. Pragmatismus und Demokratie-Lernen II*, S.112f.
263 Terhart, 1999, S.632.

6.2 Exkurs: Demokratie-Lernen und Konstruktivismus

übers gleichwertig sind. Dies würde eine *Gleichheit der Konstrukteure* begründen und einen Hinweis auf den demokratischen Charakter von Lernprozessen geben.[264] Wenn aber alle (politischen) Meinungen, Positionen und Aussagesysteme Konstruktionen sind, dann ergeben sich hier Anschlussmöglichkeiten zu normativen Forderungen, die für die Politische Bildung unumstritten sind. Anschlussfähig sind hier ohne weiteres das *Manipulationsverbot* und das *Kontroversitätsprinzip* des sogenannten Beutelsbacher Konsenses.[265]

Zweitens: Hier schließt sich die Frage an, ob diese Normativität selbst konstruktivistisch begründet werden kann. Was sollte den „Sieger" im Viabilitätskampf dazu veranlassen, seinen Sieg, seinen Erfolg in Frage zu stellen, wenn dieser auf einer ungleichen Verteilung von Macht beruht?[266] Hier offenbart sich das Problem, dass aus konstruktivistischer Sicht Viabilität ebenso gut das Resultat von asymmetrischen Kommunikationsbeziehungen sein kann, in denen sich die Mächtigen durchsetzen und die Unterlegenen – weil es ja um Überleben geht und nicht um Wahrheit – sich irgendwie einrichten. Während der Diskutant, der auf realistischem Boden steht, der Macht des Meinungssiegers noch die Macht seiner eigenen Argumente entgegensetzen kann, weil er diese empirisch absichern kann, hat der Diskutant, der auf konstruktivistischem Boden steht, immer nur die Möglichkeit, auf die Gleichberechtigung seiner eigenen Konstruktion zu verweisen, von der er aber auch keine gegenüber der siegreichen Meinung „höhere" Geltung behaupten kann, auch wenn diese auf der ungleichen Verteilung von Macht beruht. Für die Frage nach der normativen Begründbarkeit der Freiheit der Konstruktion, der Gleichheit der Konstrukteure und der Toleranz ergibt sich daher folgendes: Wenn der Konstruktivist von der Freiheit der je eigenen Wirklichkeitskonstruktion spricht, dann handelt es sich um eine Schlussfolgerung, die aus seiner Beobachtung resultiert. Mit dieser Schlussfolgerung trifft der Konstruktivist eine Aussage, mit der er erläutert, wie den neuronalen Reizen der Außenwelt im kognitiven Apparat des Subjekts eine Bedeutung zugewiesen wird. Diese Aussage hat ausschließlichen deskriptiven Charakter. Freiheit der Konstruktion ist deshalb *nicht in einem normativen Sinn* zu verstehen und meint nicht etwa einen Anspruch auf einen grundrechtlichen Schutz des Einzelnen oder einen Anspruch auf seine Berechtigung zur

---

264 Vgl. Glasersfeld, 1997, S.336ff.
265 „(1) *Überwältigungsverbot*. Es ist nicht erlaubt, den Schüler – mit welchen Mitteln auch immer – im Sinne erwünschter Meinungen zu überrumpeln und damit an der ‚Gewinnung eines selbständigen Urteils' zu hindern. (2) Was in Wissenschaft und Politik *kontrovers* ist, muss auch im Unterricht kontrovers erscheinen" Wehling 1977, S.179f.
266 Dies konzediert offenbar auch Siebert, 1994, S.62f.

Teilnahme an Diskursen. *Diese Ebene des Sollens wird vom Konstruktivismus nicht betreten.* Die Intersubjektivität beruht deshalb auf Voraussetzungen, die der Konstruktivismus *selbst nicht generieren* kann. Und wenn in der konstruktivistischen Erkenntnistheorie ein immanentes Toleranzprinzip oder die Gleichheit der Konstrukteure entdeckt wird[267], dann sind dies Voraussetzungen, nicht aber das zwingende Resultat von Konstruktionen. Der Konstruktivismus generiert aus sich heraus keine Sozialmoral. Freiheit der Konstruktion, Gleichheit der Konstrukteure und Toleranz sind von außen herangetragene normative Forderungen, die einer (pragmatischen) Antwort auf die Frage entspringen, wie die Viabilität angesichts unterschiedlicher Konstruktionen gerecht organisiert werden kann. Macht sich der Konstruktivist diese Forderungen zu eigen, dann verlässt er jedoch seine eigene philosophische Basis.

6.2.3 Lernprozesse und politische Urteilsbildung

Eine unbestritten positive Wirkung des Konstruktivismus liegt in seinem *ideologiekritischen Impetus*. Wenn nämlich alle politischen Meinungen, Positionen und Aussagesysteme Konstruktionen sind, dann lassen sich Geltungsansprüche nur auf *Viabilität* nicht aber auf *Objektivität* gründen. Konstruktionen können aus konstruktivistischer Sicht nicht für bestimmte Interessen instrumentalisiert werden, weil ein objektiver Wahrheitsanspruch (im Sinne einer Übereinstimmung von Aussage und Realität) nicht begründbar ist. Jede Form von messianischer Belehrung ist daher mit konstruktivistischen Vorstellungen nicht vereinbar. Analysiert man allerdings die Risiken einer ausschließlich auf *Viabilität* gegründeten Ideologiekritik, dann ergeben sich mindestens drei Probleme, in denen sich der *Verlust der Empirie* als Prüfstein im Prozess politischer Urteilsbildung auswirkt. Diese sind *erstens* das Erkenntnisproblem, *zweitens* das Verantwortungsproblem und *drittens* das Reflexivitätsproblem.

Erstens: Mehr vielleicht als in den Naturwissenschaften, wo nach landläufiger Auffassung szientistische Messmethoden das erkennende Subjekt in seiner Bedeutung zurückdrängen, sind die Wissenschaften, deren Gegenstand das Politische ist, gekennzeichnet von Offenheit und Unbestimmtheit, von Mehrdeutigkeit und Unsicherheit. Gefordert wird dadurch in einem stärkeren Maße die Urteilskraft des Subjekts. Als illustrierendes Beispiel sei die Judenvernichtung im Konzentrationslager Auschwitz angeführt, weil gerade dieses Beispiel Gegenstand kon-

---

267 Watzlawick, zit. bei Siebert, 1994, S.60f.

6.2 Exkurs: Demokratie-Lernen und Konstruktivismus

trärer und folgenschwerer Interpretationen war und weiterhin ist. Dieses Beispiel macht deutlich, dass es in der politischen Urteilsbildung um weit mehr geht als um die schulpraktische Überlegung, wie ein allgemeinverbindliches und damit abprüfbares Wissen möglich ist, *denn politische Urteilsbildung kann in politisches Handeln münden.* In konstruktivistischer Sicht ist es zuletzt eine Machtfrage oder bestenfalls eine Frage von Mehrheiten, welche Auffassung z.B. bezüglich Auschwitz *viabel* ist. Mit dem Verlust der Empirie geht dem Konstruktivismus ein wichtiges Prüfkriterium verloren. Die in der *realistischen* Konzeption mögliche *empirische Falsifizierung* der Aussage, *„Auschwitz ist eine Lüge"*, gelingt in konstruktivistischen Konzeptionen nicht. Aus konstruktivistischer Sicht können Aussagen nicht mit einer bewusstseinsunabhängigen historischen Realität konfrontiert werden. Der Konstruktivismus lehnt ja die Erkennbarkeit einer Außenwelt ab. Was in *realistischen* Konzeptionen als Außenwelt mit den Ansichten eines *David Irwing* konfrontiert werden kann, ist in *konstruktivistischer* Sicht ebenfalls lediglich eine *Erfindung*, für die keine „höhere" Geltung begründet werden kann. Sowohl die Aussage, *„Auschwitz ist eine historische Lüge"* als auch die gegenteilige Aussage *„Auschwitz ist eine historische Tatsache"* sind Konstruktionen und können aus konstruktivistischer Sicht gleiche Geltungsansprüche erheben. Wird die Geschichtsauffassung von Irwing zur Mehrheitsmeinung, dann gibt es für den Konstruktivisten, der anderer Auffassung ist nur noch die Möglichkeiten des Zurückgewinnens der anderen Mehrheit. Er hat aber keine Chance, eventuelle Geltungszweifel mit dem Hinweis auf *empirische Tatsachen* zu begründen. Hier offenbart sich ein Problem des Konstruktivismus als Metatheorie für Politische Bildung. Die Erkenntnistheorie des Konstruktivismus – insbesondere der Verlust der Empirie – beinhaltet die Gefahr einer *Entpolitisierung des Bewusstseins*[268]. Wie das Auschwitzbeispiel zeigt, ist der Unterschied zwischen Täter und Opfer, Unterdrücker und Unterdrückte, Ausbeuter und Ausgebeutete im Konstruktivismus letztendlich *reine Ansichtssache*. Das Prinzip der Viabilität reicht nicht aus, um der Beliebigkeit von Konstruktionen zu entgehen. Eine konstruktivistische Politikdidaktik kann politische Urteilsbildung daher nicht ausreichend gegen einen *relativistischen Dezisionismus* absichern.

Zweitens: Aus der Gleichberechtigung von Auffassungen versucht der Konstruktivist das *Prinzip Verantwortung* zu begründen. Jeder ist jedoch nur in dem Sinne für seine Meinung *verantwortlich*, dass er der Verursacher, Konstrukteur, der Erfinder (Watzlawick) seiner Auffassungen und Einstellungen ist. Konstruktivismus bedeutet unmittelbar *Verantwortung*, weil das eigene Erkennen nicht *kausal* auf

---

[268] Vgl. Siebert, 1994, S.64.

eine äußere Entität verschoben werden kann.²⁶⁹ Würde man den Spielregeln des Behaviorismus folgen, dann würde das dort beheimatete Reiz-Reaktions-Modell auf die Umwelt als Verursacher der Erkenntnis hinweisen. Folgte man den Soziobiologen, dann wären es die Gene, die allein das Erkenntnisvermögen konstituieren. In beiden Fällen kann sich das Individuum aus der Verantwortung stehlen. „Die genialste Strategie" – so Foerster – „sich der Verantwortung zu entziehen, ist jedoch die *Erfindung der Objektivität* (Hervorh.; A.S.)"²⁷⁰. Der erkenntnistheoretische Realismus, der eine Objektivität annimmt, trennt den Beobachter und das Beobachtete. Entscheide ich mich nämlich, eine vom Menschen unabhängige, eine „objektive Realität" zur Voraussetzung meiner Erkenntnissuche zu machen, dann bin ich für die daraus folgende Erkenntnis meine Verantwortung los.²⁷¹ Dies wäre allerdings „nur" die Sicht des Realisten. *Aus der Sicht eines Konstruktivisten* wäre jemand, der eine objektive Realität annimmt, seine Verantwortung dennoch nicht los. Schließlich war er es, der so konstruiert hat, der eine objektive Realität angenommen hat. Ob jemand *konstruktivistisch* oder *realistisch* denkt, ist ein Individualverhalten, das letztlich nicht vorschreibbar ist. Eine relevanter Unterschied zwischen dem Realisten und dem Konstruktivisten wird hier deutlich: Der Konstruktivist verlässt den Bezugsrahmen von „wahr" und „falsch". Schon seine Entscheidung konstruktivistisch zu denken, ist ein freier Willensakt, den er vollziehen oder auch lassen kann. Es ist jedoch ein freier Akt, für den er allein verantwortlich ist.²⁷² Daraus ergibt sich, dass der Begriff der *Verantwortung* im Konstruktivismus nicht automatisch eine übergreifende ethische Dimension beinhaltet. Ein Beispiel hierfür wäre die Aussage, *„alle Deutschen (auch die nach 1945 Geborenen) tragen Verantwortung gegenüber den Juden wegen des Holocaust"*. Verantwortung ist zunächst nur im Sinne eines Kausalzusammenhangs verstehbar, der jegliche Möglichkeit versperrt, sich bei seinen Konstruktionen und auch bei seinen Handlungen und Entscheidungen auf eine Instanz außerhalb der eigenen Person zu berufen. Verantwortung wäre also nach konstruktivistischer Auffassung vor allem durch das Verursacherprinzip implementierbar und ausschließlich empirisch *nicht normativ* zu verstehen. Deshalb kann es aus konstruktivistischer Sicht auch keine *generelle*²⁷³,

---

269 Vgl. Glaser, S.140.
270 Foerster, 1993, S. 126.
271 Vgl. Glaser, S.143. Allerdings liegt hier der sogenannte naturalistische Fehlschluss zu Grunde, denn eine Objektivität des Seins begründet noch kein Sollen.
272 Vgl. Glaser, S.142f.
273 Wenn allerdings jemand so konstruiert, dass er freiwillig Verantwortung für den Holocaust übernimmt, obwohl er 1960 geboren ist, dann ist das seine Entscheidung, eine Entscheidung, die für ihn gilt.

6.2 Exkurs: Demokratie-Lernen und Konstruktivismus

quasi „geerbte" historische Verantwortung eines nach 1945 geborenen Deutschen für den Holocaust geben.

Drittens: Lernende sind in konstruktivistischer Sicht Beobachter von Phänomenen. Beobachtungen sind Operationen, die Lernende ausführen. Das Ergebnis ihrer Operation *„Beobachtung"* sind Auffassungen, Meinungen, *Urteile*, die sie sich zu politischen Problemen bilden. Lehrende nehmen nun bezüglich der Operationen/der Beobachtungen von Lernenden eine andere Perspektive ein. Konstruktivisten sprechen hier von einem *Beobachter „zweiter Ordnung"*. Für diesen Beobachter zweiter Ordnung sind die Operationen/Beobachtungen der Lernenden selbst Phänomene. Lehrende beobachten, dass Lernende eben so oder anders konstruieren. Für Lehrende sind die Auffassungen Meinungen und Urteile der Lernenden eben „nur" Konstruktionen. Stellt man sich nun vor, dass eine Art *Supervisor* durch ein Fenster in das Klassenzimmer blickt, dann ist dieser Supervisor ein *Beobachter dritter Ordnung*. Für ihn ist auch die Beobachtung des Lehrers ein Phänomen seiner Beobachtung. Auch für den Supervisor ist nun eine übergeordnete Beobachterperspektive vorstellbar. Dieses Gedankenspiel kann zu einem infiniten Regress auf immer höhere Beobachterebenen führen.[274] Die Einführung des Beobachters höherer Ordnung begründet im Konstruktivismus die Auffassung von der Komplementarität zweier Ebenen der Beobachtung. Ebene 1 meint dabei Beobachtung als Operation. Aus der Perspektive des Beobachters zweiter Ordnung ist diese Beobachtung jedoch ein Phänomen, das beobachtet wird. Da es jedoch keine außerhalb der Gesellschaft existierende Beobachterposition gibt, ist die Beobachtung zugleich für denselben Konstrukteur Operation und Phänomen. Dies bedeutet unmittelbar Selbstreferentialität. Anders formuliert: *Reflexivität* bedeutet nun, dass der Konstruktivist sich eingestehen muss, dass selbst dieses Gedankenspiel eines infiniten Regresses eine Konstruktion darstellt. Der Konstruktivismus nimmt daher den Ausweg zu einem *zirkulären Begründungsmodell.* Diese zirkuläre Begründung lässt sich leicht auf der ersten Beobachtungsebene veranschaulichen, dort also, wo sich Lernende zu politischen Problemen ihr Urteil bilden. Lernende, die sich jedoch einmal imaginativ auf die Reise zu höheren Ebenen der Beobachtung begeben haben, sind genauso gut fähig zur Selbstbeobachtung oder Selbstreflexion. Hat ein Lernender einmal für sich konstruiert (=erkannt), dass seine Urteile auch nur Konstruktionen sind, dann hat er sich unhintergehbar die Kompetenz zur Selbstreflexion erworben. Dies hat eine politikdidaktische Konsequenz: Der Konstruktivist, der etwas behauptet, muss *selbstreferentiell* immer eingeste-

---

274 Hier wird im übrigen ein ontologisches Commitment deutlich, das der Konstruktivismus ja eigentlich ablehnt.

hen, dass seine Behauptung immer nur eine Konstruktion ist. Konstruktivisten sehen hier eine *Aufforderung zur Selbstreflexion* begründet.[275] Was gibt nun Anlass, diese Selbstreflexivität zu praktizieren? Wie stark ist die Begründung und damit die Veranlassung zur Selbstreflexion im Konstruktivismus? Es ist die Widerständigkeit von Konstruktionen, die von anderen Beobachtern geäußert werden.[276] Mir gegenüber treten diese anderen Konstruktionen als Störungen/Perturbationen auf, die meine eigene konstruktive Tätigkeit erneut stimulieren. Dabei ist es jedoch *meine eigene* Entscheidung, andere Konstruktionen als Perturbation zu begreifen, die Anlass zur Selbstreflexion gibt. Hier weist der Konstruktivismus durchaus auf Chancen der Politischen Bildung hin. Konstruktionen begegnen uns in der Form von Behauptungen, in der eigentlich immer die Rolle des Beobachters mitgedacht werden muss. Alles, was behauptet wird, wird von jemandem behauptet, der so beobachtet. Für die politische Urteilsbildung, z.B. im Bezug auf das Extremismusproblem, gibt die Wissenstheorie des Konstruktivismus durchaus den Hinweis, dass Extremisten ihre Position auch als Konstruktion beobachten können müssten. Ob sich allerdings ein Extremist auf die Selbstreflexion einlässt, ist wiederum nur seine ureigenste Konstruktion.

6.2.4 Der Konstruktivismus – eine deskriptive Lerntheorie

Der Konstruktivismus kann als rein empirische Wissenstheorie[277] keine *allgemeinverbindlichen* Sollensansprüche begründen. Aus konstruktivistischer Sicht liegt eine strikte Trennung von Theorie und Praxis vor, – und zwar nur in dem Sinne, dass eben keine Konstruktion allgemeinverbindlich gemacht werden kann. Unaufgebbare Essentials des Demokratie-Lernens, wie das Manipulationsverbot und die Forderung, dass bei der Urteilsbildung und bei Entscheidungen immer der politisch-soziale Kontext beachtet werden soll, ergeben sich nicht als Resultat einer konstruktivistischen Metatheorie. Sie sind vielmehr als Prinzipien anzusehen, die einer funktionierenden Konstruktion bereits vorausliegen.

---

275 Vgl. Reich, 2000, S.129.
276 Von den drei Prinzipien des Beutelsbacher Konsenses kann nur das Kontroversprinzip mit dem Konstruktivismus in eine enge Beziehung gesetzt werden. Das Kontroversprinzip bedeutet, dass aus der Annahme, alle Auffassungen und politischen Meinungen seien individuell konstruiert, sich unmittelbar die Kontroversität *als Faktum* ergibt, ohne dass diese normativ begründet werden müsste.
277 Die Bezeichnung als „empirische" Theorie ist die Formulierung eines Realisten. Für den Konstruktivisten beschreibt der Konstruktivismus gerade keine Realität.

6.2 Exkurs: Demokratie-Lernen und Konstruktivismus

Für das Demokratie-Leben als unaufgebbares Essential Politischer Bildung ergibt sich nun aus konstruktivistischer Perspektive der Hinweis, dass Lernprozesse als demokratische Prozesse die günstigsten Bedingungen für erfolgreiche Konstruktionen (Lernen) darstellen. Allerdings liegen diese Bedingungen dem Lernprozess bereits voraus und sind nicht durch den Konstruktivismus normativ begründbar. Insofern muss sich die pädagogische Forderung, anregende Lernumgebungen zu schaffen, anderswo ihr normatives Fundament besorgen. Für das Demokratie-Lernen als der Entwicklung kognitiver, prozeduraler und habitueller Demokratiekompetenz[278] ist von Bedeutung, dass durch Prozesse reflexiver Urteilsbildung relativistische Urteile vermieden werden können. Problematisch erscheint in diesem Zusammenhang, dass der Konstruktivismus zunächst indifferent ist hinsichtlich der Frage, welche Urteile am Ende der individuellen Konstruktionen stehen. Der Verlust der Empirie hat zur Konsequenz, dass auch die Viabilitätsprüfung der individuellen Konstruktionen nur zu einer Intersubjektivität führt, mit der noch nicht notwendigerweise ein relativistisches Ende der politischen Urteilsbildung ausgeschlossen werden kann. Somit entsteht ein normatives Defizit, das der Konstruktivismus auch durch seine kommunikativen Implikationen nicht auffangen kann.

Das normative Defizit und die Unmöglichkeit, Konstruktionen empirisch zu überprüfen, geben allerdings einen Hinweis auf die Bedeutsamkeit einer Lehrperson als Garant für eine erfolgreiche Förderung habitueller Demokratiekompetenz. In einer konstruktivistischen Politikdidaktik wären die Lehrenden ständige notorische Berufsstörer gegenüber (irrlaufenden) Konstruktionen der Lernenden. Man kann das auch anders ausdrücken und sagen: Die Lehrperson leistet die verantwortungsvolle Hilfestellung, um konstruktivistische Lernprozesse kategorial abzusichern und um Prozesse politischer Urteilsbildung nicht in beliebiges Moralisieren abgleiten zu lassen. Natürlich entkräftet dieser Rückgriff auf die Hilfe einer Lehrperson keinesfalls die Auffassung, dass Lernen nur als eigenständige Leistung der Lernenden verstanden werden kann. Der Konstruktivismus weist dabei zu Recht darauf hin, dass Lernen nicht durch Belehrung und Machen, sondern durch ein permanentes Ermöglichen erreichbar ist. Als *Lerntheorie* kann der Konstruktivismus also durchaus den Anspruch erheben, in einer Theorie Politischer Bildung berücksichtigt zu werden. Zu fragen wäre allenfalls, ob die Politische Bildung den Konstruktivismus braucht, ob die durch den Konstruktivismus möglichen Leistungen für die Politische Bildung nicht auch schon ohne diesen – z.B. durch die verschiedenen Ansätze der Reformpädagogik oder durch die Rezeption pragmatistischer Erziehungslehren – erbracht wurden?

---

278 Vgl. unter *4.1 Dimensionen bürgerschaftlicher Demokratiekompetenz* (Abbildung 1. S.49).

6.3 Pragmatismus und Demokratie-Lernen II

Stärkere Normativität entfaltet der Pragmatismus unter Berücksichtigung der erkenntnistheoretischen Implikationen der von Charles Sanders Peirce formulierten *„Pragmatischen Maxime"*.

6.3.1 Die Pragmatische Maxime

Der amerikanische Mathematiker und Naturwissenschaftler Charles Sanders Peirce gilt als Begründer des philosophischen Pragmatismus. Die Grundgedanken seines Pragmatismus hat Peirce in einer Aufsatzserie unter dem zusammenfassenden Titel „Illustrations of the Logic of Science" in der Fachzeitschrift „Popular Science Monthly" im Jahre 1878 entfaltet. Die nachstehend zitierte Formulierung seiner „Pragmatischen Maxime" stammt allerdings aus dem veröffentlichten Manuskript der „Lectures on Pragmatism", die Peirce 1903 an der Harvard Universität gehalten hat. Durch eine bis dahin schon schillernde Rezeptionsgeschichte sah sich Peirce zu einer Klarstellung und zu folgender Neuformulierung seiner „Pragmatischen Maxime" veranlasst:[279]

> „Der pragmatische Leitsatz (...) lautet: Man überlege, welche praktischen Wirkungen unserer Meinung nach von dem von uns aufgefassten Objekt verursacht werden könnten. Die Auffassung all dieser Wirkungen ist die vollständige Auffassung des Objekts. Um den Sinn eines Gedankens zu entwickeln, hat man demnach nur zu bestimmen, welche Gewohnheiten er hervorruft, denn der Sinn einer Sache liegt ganz einfach in den Gewohnheiten, die sie impliziert. Der Charakter einer Gewohnheit hängt davon ab, auf welche Art und Weise sie uns zum Handeln bringt, und zwar nicht nur in diesen oder jenen wahrscheinlichen Umständen, sondern in allen möglichen, so unwahrscheinlich sie auch sein mögen. Was eine Gewohnheit ist, hängt von zwei Punkten ab, wann und wie sie zum Handeln veranlasst. Was den ersten Punkt betrifft: Wann?: Jeder Anreiz zum Handeln kommt aus einer Wahrnehmung; zum zweiten: Wie?: Das Ziel jeder Handlung ist es, ein greifbares Resultat zu erzielen. Somit kommen wir zum Berührbaren und Praktischen als Grund jedes noch so subtilen Denkunterschiedes."[280]

---

279 Vgl. in diesem Zusammenhang ausführlicher Oehler, 1993, S.82ff. m.w.N. Peirce hat seine eigene Position mit der Bezeichnung „Pragmatizismus" gegenüber nicht-authentischen Rezeptionen abzugrenzen versucht. Vgl. Arroyabe, 1982, S.96. Vgl. Kuhn, 1996, S.276ff.

280 Charles Sanders Peirce, Lectures on Pragmatism (1903), in: Charles Hartshorn et al. (Hg.), Collected Papers of Charles Sanders Peirce, Cambridge/Mass. 1934, § 5.19.

6.3 Pragmatismus und Demokratie-Lernen II

Der unabdingbaren Praxisrelevanz von Denkvorgängen, die in der „Pragmatischen Maxime" aufscheint, ist eine lebensweltbezogene Erfolgsorientierung zu entnehmen. Für den Pragmatismus wurde die Auffassung von Peirce kennzeichnend, wonach gedankliche Konstruktionen, die keine *praktische* Bedeutung haben, überhaupt keine sinnvolle Bedeutung haben. Damit begründet die *Pragmatische Maxime* zunächst eine individualistische Lebensphilosophie und ein Konzept für die erfolgreiche Begegnung des Individuums mit den Widrigkeiten des Lebens. Für Politische Bildung ist in diesem Zusammenhang bedeutsam, dass der Pragmatismus auch als *Sozial*philosophie Geltung beansprucht. Der in Peirce' Formulierung der *Pragmatischen Maxime* angelegte Handlungsbegriff gibt bereits einen Hinweis auf die gesellschaftliche und politische Relevanz pragmatistischen Denkens. Denn auf jede Situation adäquat reagieren zu können heißt, auf die Handlungskompetenz der Menschen in allen Lebenssituationen und -bezügen zu setzen. Diese Lebensbezüge sind jedoch zumeist nicht das Agieren isolierter Individuen, sondern die Alltagspraxis der gegeneinander, nebeneinander, miteinander oder auch füreinander handelnden Menschen. Handlungsrelevanz und Erfolgsorientierung sind daher als Wesenszüge pragmatistischen Denkens allen Definitionselementen immanent, die im Anschluss an die Projektmethode Deweys formuliert wurden und unter Berücksichtigung der Pragmatischen Maxime von Peirce[281] zu erweitern sind. Damit können folgende gemeinsame Merkmale dieser Denktradition hervorgehoben werden[282]:

Erstens: Pragmatisches Denken wird als wissenschaftliches Denken verstanden, das in den konkreten Handlungsbezügen der Menschen, an der *Praxis* ansetzt und für die Suche nach Problemlösungen gegenüber Denkansätzen unterschiedlicher wissenschaftstheoretischer Provenienz offen ist.[283] Praxis meint dabei keine überzeitlichen Handlungsstrukturen, sondern konkrete Problemsituationen, mit denen sich die Menschen kreativ auseinander zu setzen haben.[284]

Zweitens: Kennzeichnend für die Erkenntnistheorie des Pragmatismus ist eine Methode der Begriffsbildung, die in den Kontext der handelnden Menschen einge-

---

281 Nach dem Ursprung bei Peirce blieb der Pragmatismus kein homogenes Konzept. Die Fortführung einer pragmatistischen Tradition bei William James, John Dewey, George Herbert Mead u.a. hat verschiedene Denkrichtungen hervorgebracht. Vgl. im Überblick Martens, 1975, S.3ff. Dennoch können in dieser Denktradition als wesentliche Merkmale des philosophischen Pragmatismus diese gemeinsamen Elemente hervorgehoben werden.
282 Vgl. Martens, 1975, S.3ff.
283 Vgl. Joas, 1992, S.283 u. 305. Vgl. Pape, 2002, S.88.
284 Vgl. Joas, 1992, S.11f.

bunden ist. Alleine aus diesem Kontext erfährt jeder Begriff seine Bestimmung. So können wir nie wissen, ob es ein unveränderliches Wesen der Dinge gibt, da wir nur auf Grund der Beziehung zwischen Handeln, Wahrnehmen und Denken etwas erkennen können. Der Pragmatismus erhält dadurch eine anti-essentialistische Komponente.[285]

Drittens: Hieraus ergibt sich die Dominanz einer Handlungstheorie der Wahrheit, für die die Kreativität des Handelns der Menschen und die Intersubjektivität der Vernunft konstituierend sind.[286] Normative Aussagen sind daher durch die handelnde Auseinandersetzung mit der sozialen Realität einem beständigen Prüf- und Bewährungsverfahren unterzogen.

Viertens: Die freie Dialoggemeinschaft ist dabei die organisatorische Voraussetzung und der Bestimmungsgrund von Wert, Wahrheit und Bedeutung.[287] Diese sind keine Eigenschaften, die den Dingen ausschließlich an sich zukommen, sondern sie sind vor allem extern bestimmt, nämlich in der Beziehung der Dinge auf die Konsequenzen für unser Handeln.[288]

Wie schon die Beschreibung des Lernprozesses bei Dewey[289] weisen diese Merkmale auf die starke Affinität des Pragmatismus zu einer Theorie der pluralistischen Demokratie hin, in der für die reale Gemeinschaft der Wahrheitssuchenden und deren experimentelle Forschungsmethode die günstigsten Bedingungen vorgefunden werden.[290]

6.3.2 Erkenntnistheoretische Implikationen der Pragmatischen Maxime

In dem zweiten Satz der Pragmatischen Maxime „Die Auffassung all dieser Wirkungen ist die vollständige Auffassung des Objekts" steckt schon die Wegbereitung für den linguistic turn: Der linguistic turn hat deutlich gemacht, dass die Sachen an sich stumm sind und erst zur Sprache gebracht werden müssen. Insofern sind die

---

285 Vgl. Pape, 2002, S.91. Diese anti-essentialistische Komponente ist allerdings erkenntnistheoretisch zu verstehen und berührt nicht die ontologische Frage, ob hinter den Wahrnehmungen ein wie auch immer geartetes Wesen der Dinge existiert.
286 Vgl. Joas, 1992, S.281ff. (283). Vgl. ders., 1996, S.360, 363f., 367.
287 Reese-Schäfer, 1997, S.455 sieht hier eine philosophische Wurzel der Diskursethik. Peirce' unbegrenzte Gemeinschaft aller Verstandeswesen versteht er als Vorläufer von Karl-Otto Apels Apriori der Verständigungsgemeinschaft.
288 Vgl. Pape, 2002, S.91.
289 Vgl. Scherb, 2000, S.25.
290 Vgl. Gagel, 1995, S.221. Vgl. auch Detjen, 1988, S.380f. m.w.N.

6.3 Pragmatismus und Demokratie-Lernen II

Wirkungen der Objekte W1 bis Wn *(Abb. 2 rechts)* als Wirkungen auf erkennende Individuen aufzufassen, die ihr Denken in Sprache zum Ausdruck bringen. Aus den oben formulierten Definitionsmerkmalen ist ersichtlich, dass die pragmatistische Erkenntnistheorie von zwei populären Konkurrenzmodellen abzugrenzen ist:
Erstens: Das essentialistische Erkenntnismodell *(Abb. 2 links)* der klassischen Metaphysik geht davon aus, dass das Wesen der Dinge durch intellektuelle Anstrengung des erkennenden Subjekts im Denken repräsentiert wird und in der Sprache den adäquaten Ausdruck findet. Das pragmatistische Modell *(Abb. 2 rechts)* geht davon aus, dass Erkenntnis ein Prozess des „Sich-Geltend-Machens" ist[291], in dem die in einem Kommunikationszusammenhang auftretenden Wirkungen (= in Sprache gekleidete Wirkung, die ein Objekt auf die Teilnehmer an der Dialoggemeinschaft hat) miteinander um Anerkennung konkurrieren.

Abbildung 2: Das essentialistische und das pragmatistische Erkenntnismodell

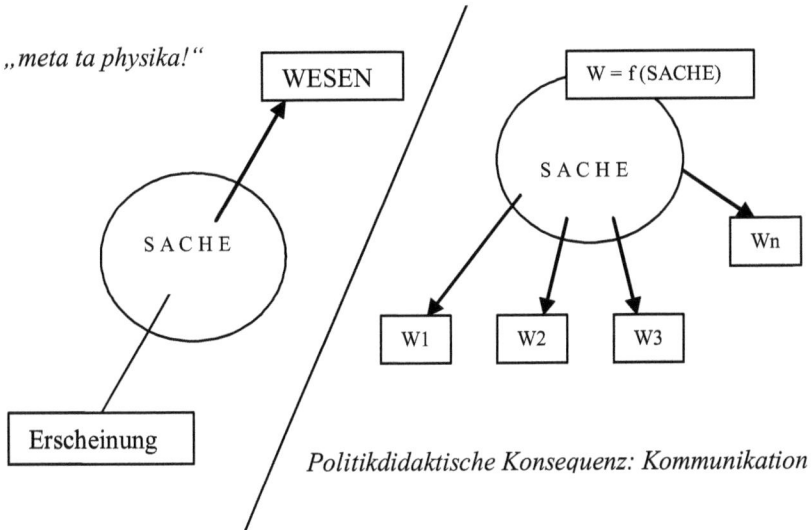

Politikdidaktische Konsequenz: Kommunikation

Zweitens: Unterschiede zum konstruktivistischen Erkenntnismodell *(Abb. 3)* ergeben sich aus der besonderen Bedeutung der Empirie als der Bewusstseins unabhängigen Außenwelt: Die Rede vom „Sich-Geltend-Machen" erinnert zunächst an

---

291 William James (1907) zit. bei Klaus Oehler, William James: Der Pragmatismus – ein neuer Name für alte Denkmethoden, Hamburg 1977, S.126.

die konstruktivistische Viabilisierung der autopoetischen Konstruktion der erkennenden Individuen. Der Konstruktivismus versteht das Erkennen als „Erfindung" des Subjekts (erkenntnistheoretischer Solipsismus), weil das Gehirn (eines lebenden Systems) keinen direkten Zugang zur Welt hat, sondern nur zum neuronalen Output seiner Sinnesrezeptoren (R1-R5), die die spezifischen Reize der Außenwelt, die zunächst auf die Sinnesorgane (SO1-SO5) treffen, in eine neuronale Einheitssprache übersetzen. Diese neuronale Einheitssprache besteht aus elektrischen Impulsen bzw. Aktionspotentialen, die sich lediglich in ihrer *Intensität* (d.i. die Frequenz der Aktionspotentiale, also die Zahl der Impulse pro Zeiteinheit) und in ihrer *Dauer*, nicht aber in ihrer Qualität voneinander unterscheiden. Die *Qualität* der Reize der Außenwelt (das So-Sein) geht durch die Übersetzungstätigkeit der Sinnesrezeptoren (R1-R5) verloren. (Vorstellung von Digitalisierung; Strom-Nicht-Strom; I/0) Die neuronale Einheitssprache ist bedeutungsfrei. Aus diesen neurobiologischen Prämissen ergibt sich, dass das Gehirn die vom erkennenden Subjekt erfahrene Welt konstruiert. Es muss das Gehirn, bzw. ein bestimmter Ort im Gehirn sein, an dem eine neuronale Erregung eintrifft und verarbeitet wird. Dort wird die Modalität und Qualität von Sinnesempfindungen erzeugt. Deshalb enthält auch die vom Gehirn konstruierte Welt keine Informationen über die Außen-Welt, d.h. über das, was man in der Alltagssprache „die Realität" nennen, sondern lediglich Informationen über die vom Gehirn konstruierte Wirklichkeit.[292]

Abbildung 3: Das konstruktivistische Erkenntnismodell

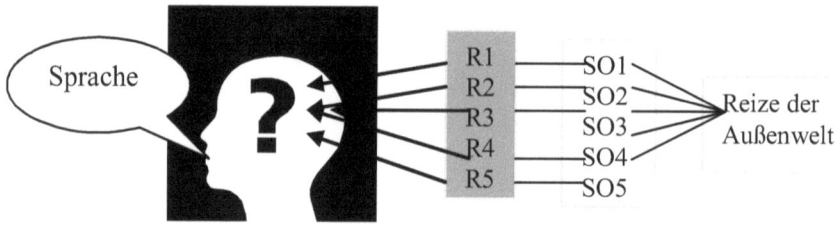

Im Gegensatz zum Konstruktivismus legt der Pragmatismus nicht den gesamten Erkenntnisprozess in das Subjekt. Der Pragmatismus hält im Gegensatz zum Konstruktivismus an der Auffassung fest, dass die Wirkungen der Objekte eben auf diese Objekte als empirische Gegebenheiten zurückführbar sind. Alle Wirkungen sind auch eine Funktion des Objekts (der Sache). Insofern nun Erkenntnis als

---

292   Vgl. Scherb, 2002, S. 11ff.

6.3 Pragmatismus und Demokratie-Lernen II

Prozess des „Sich-Geltend-Machens" aufgefasst wird, enthält der Pragmatismus eine Erkenntnistheorie, die mit der Auffassung einhergeht, dass „jeder dem anderen grundsätzlich die Aufstellung plausibler Hypothesen, keiner aber dem anderen den Besitz absoluter Wahrheit zutraut."[293] Selbst wenn sich zwischen den Vertretern der Auffassungen von W1 bis Wn *(Siehe Abb. 2 rechts!)* eine gemeinsame Auffassung von dem zu erkennenden Objekt durchgesetzt hat, so hat diese gemeinsame Auffassung zwar in der Dialoggemeinschaft der <n> Beteiligten einen starken Geltungsanspruch, aber keinen Anspruch auf Wahrheitsgeltung im Sinne einer Deckungsgleichheit zwischen Objekt und Auffassung vom Objekt. Der Grund hierfür liegt in der Unabschließbarkeit des Prozesses des „Sich-Geltend-Machens", wegen der Unendlichkeit der Wirkungen des Objekts auf immer andere erkennende Subjekte, deren Zahl prinzipiell nicht begrenzbar ist und die jederzeit zur Dialoggemeinschaft Zutritt haben. Hier ergibt sich die für Politische Bildung relevante Notwendigkeit, über das, was über das Objekt (die Sache) intersubjektiv gelten soll und über das was als Resultat der Erkenntnis handlungsleitendend werden soll, miteinander zu kommunizieren, aber das Resultat der Kommunikation selbst wenn es auf einem einhelligen Konsens beruht, nicht abzuschotten und dem weiteren Diskurs zu entziehen. In diesen hier explizierten Implikationen der aus der Pragmatischen Maxime von Peirce ableitbaren Erkenntnistheorie scheinen elementare Merkmale einer pluralistischen Demokratie auf. Zu klären ist nun, ob diese Merkmale durch die Philosophie des Pragmatismus normativ ausgezeichnet werden können?

6.3.3 Grundlegungen der Demokratieerziehung im Pragmatismus

Drei in der Praxis eng miteinander verknüpfte, aber analytisch unterscheidbare Begründungskonzepte für die Demokratieerziehung, die der nachstehenden Übersicht (Tabelle 3) zu entnehmen sind und die im Folgenden erläutert werden sollen, bietet der Pragmatismus an.

Das erste Begründungskonzept besteht in der Prozessualisierung des Konflikts und der daraus resultierenden Forderung nach OFFENHEIT: Die Unendlichkeit im Prozess des „Sich-geltend-machens" offenbart in der Demokratie einen Mangel an ultimativer Begründung. Dieser Mangel hat in der Demokratietheorie deshalb auch die Auffassung des Staatsrechtlers Böckenförde so populär gemacht, wonach die Demokratie auf sozial-moralischen Ressourcen beruht, die sie von

---

293 Karl Otto Apel, Der Denkweg von Charles Sanders Peirce. Eine Einführung in den amerikanischen Pragmatismus, Frankfurt a.M., 1975, S.14.

Tabelle 3: Pragmatistische Begründungskonzepte der Demokratieerziehung

Begründungskonzept 1:	Begründungskonzept 2:	Begründungskonzept 3:
Prozessualisierung des Konflikts unterschiedlicher Auffassungen	Meta-kognitive Bearbeitung der Praxis (Praxisreflexion 1)	Transzendentalpragmatik (Praxisreflexion 2)
Problem/Frage: „Welchen Ausweg gibt es, wenn wir uns nicht einigen können?"	Problem/Frage: „Welche Kriterien stehen hinter meiner Beurteilung der Praxis?"	Problem/Frage: „Was tue ich, wenn ich mit anderen spreche?"
Forderung: Das Prinzip OFFENHEIT: Formulierung von Mindestbedingungen, unter denen der Konflikt weiter ausgetragen werden kann!	Forderung: Bewusstsein von den werthaltigen Kriterien der Urteile ermöglichen! Identifikation dieser Kriterien in ihrer Korrespondenz mit den Grundwerten einer freiheitlichen Demokratie!	Forderung: Ein Bewusstsein von der (performativen) Anerkennung ethischer Minima gelingender Kommunikation ermöglichen!

Staats wegen nicht generieren kann. Eine allgemeingültige und allgemeinverbindliche Begründung kann eben nicht etabliert werden. Würde die Demokratie dies auch nur versuchen, dann würde sie ihre eigene freiheitliche Basis zerstören (Bökkenförde-Theorem).[294] Als eine erste brauchbare Begründung für Demokratie und damit für die Demokratieerziehung bietet sich in diesem Zusammenhang eine funktionale Begründung an, die auf die komparative Leistungsfähigkeit des demokratischen Entscheidungsprozesses abstellt: Da die miteinander Handelnden bei ihrer Suche die ihnen jeweils mögliche Kreativität aktualisieren und die Kreativität des

---

294 Vgl. Böckenförde, 1976, S.60.

6.3 Pragmatismus und Demokratie-Lernen II

Handelns der Individuen nicht im Sinne einer festen Maßzahl in die Handlungen einfließen kann, stehen Aussagen, Meinungen und (Wert)urteile immer unter dem Vorbehalt der „potentiell besseren Wahrheit" (W. James). Sie müssen deshalb einem ständigen Prüf- und Bewährungsverfahren unterworfen bleiben. Geht man somit von der Annahme des Pragmatismus aus, dass das, was intersubjektiv gelten soll, durch die handelnde Auseinandersetzung mit der sozialen Realität in einer Dialoggemeinschaft konstituiert wird und weiterhin auf dem Prüfstand steht, so ergibt sich eine Nähe zu anderen wissenschaftstheoretischen Systemen,[295] die ebenfalls die abschließende Entscheidungsmöglichkeit vor allem auch über normative Fragen verneinen. Die Aufrechterhaltung der freien Dialoggemeinschaft und des Prüfverfahrens begründet jedoch die (pragmatische) Forderung nach Offenhaltung der Entscheidungsmöglichkeiten als Grundprinzip gesellschaftlichen Zusammenlebens. Hierin liegt die pragmatische Konsequenz einer Verflüssigung und Verzeitlichung von Dissensen und Konflikten für die aktuell keine einvernehmliche Lösung oder Antwort in Sicht ist. Solange keine Möglichkeit in Sicht ist, über normative Fragen abschließende Entscheidungen zu treffen, scheint nur die dilatorische Forderung eines Prinzips OFFENHEIT akzeptabel. In diesem Zusammenhang wird bisweilen darauf hingewiesen, dass der Verlust einheitlicher verbindlicher Orientierungsmuster in der modernen Gesellschaft – wenn überhaupt – dann nur kompensierbar ist durch „jene politisch-kulturellen Praktiken, die das Recht auf Verschiedenheit, die sozialstrukturelle Offenheit des gesellschaftlichen Handlungsfeldes und die demokratische Reversibilität von politischen Entscheidungen garantieren."[296] Hier werden verschiedene Dimensionen der OFFENHEIT angedeutet: Erstens bezieht sie sich auf den *freien Zugang zur Dialoggemeinschaft (OFFENHEIT1)* und zweitens auf den Charakter des Prozesses innerhalb der Dialoggemeinschaft. Der Prozess selbst muss offen sein hinsichtlich der Kommunikationsbedingungen (OFFENHEIT*2*).[297] Drittens meint OFFENHEIT*3* auch den Charakter

---

295 Vgl. Gagel, 1994, S.60, der hier den Ursprung des Wahrheitsbegriffs des Kritischen Rationalismus sieht, „welcher im Fallibilitätsprinzip die Möglichkeit der Wahrheit immer unter dem Vorbehalt einer unendlichen Verifizierung oder Falsifizierung durch die im Prinzip unbegrenzte Forschergemeinschaft versteht." Überdies sind für Gagel hier auch Konvergenzen mit einer Philosophie erkennbar, die die Wahrheitsfindung unter die Leitidee des idealen Diskurses stellt. Ausführlicher zum Zusammenhang der pragmatistischen Erkenntnistheorie von Charles Sanders Peirce mit fallibilistischen Konzeptionen jedoch Arroyabe, 1982, S. 125ff. Vgl. auch Habermas, 1973, S.117ff.
296 Dubiel, 1994b, S.106ff. und 151ff.
297 Vgl. in diesem Zusammenhang die diskurstheoretische Begründung des Prinzips OFFENHEIT bei Scherb, 1996, S.182ff.

der Ergebnisse des Prozesses. Die getroffenen Entscheidungen haben den Charakter einer kontextuell und temporär relativen Wahrheit. In anderen Dialoggemeinschaften und zu anderen Zeiten kann das Ergebnis anders lauten. Der dem Pragmatismus in diesem Zusammenhang verschiedentlich vorgehaltene Relativismusverdacht kann allerdings mit Bezug auf das pragmatistische Erkenntnismodell zurückgewiesen werden, weil das, was gelten soll eben nicht der Beliebigkeit des Subjekts oder der Dialoggemeinschaft anheim gestellt wird, sondern weil das, was gelten soll immer an die zu erkennende Sache zurückgebunden werden kann. Alle Erkenntnisse, Meinungen und Urteile sind als Funktion der Sache aufzufassen und deswegen nicht einem uferlosen Konventionalismus ausgesetzt. Was also den Charakter der Entscheidungen anlangt, so böte zumindest die Aufschiebung der letzten (Wert)-Entscheidung durch die Formulierung von Bedingungen, unter denen ein rationaler Diskurs weiterhin möglich ist, dann den Ansatzpunkt für die Konstituierung eines ethischen Minimums gesellschaftlichen Zusammenlebens.[298]

Das zweite Begründungskonzept liegt in der meta-kognitiven Bearbeitung der Praxis und der Identifizierung der ihr immanenten werthaltigen Urteilskriterien: Eine meta-kognitive Bearbeitung der Praxis von statthabenden Diskursen, ein Diskurs über den Diskurs, in dem die Geltungsansprüche der verschiedenen Wirkungen formuliert werden, erbringt mehr oder weniger zustimmende oder auch kritische Einschätzungen der Praxis. Der eine Teilnehmer wird sich möglicherweise im Resultat des Kommunikationsprozesses nicht genügend wiederfinden können. Ein Anderer kritisiert vielleicht seine mangelnden Möglichkeiten der Beteiligung. Für ihn war die dominierende Stellung eines anderen Teilnehmers störend. Dieser wiederum könnte die Auffassung vertreten, dass der Kommunikationsprozess insgesamt gute Möglichkeiten der Entfaltung und der freien Meinungsäußerung geboten hat. Wie unterschiedlich die Urteile über die eigenen Erfahrungen auch sein mögen, sie konvergieren zumindest in einem Punkt, indem sie in jedem Fall die Kriterien der Urteile über die eigene Erfahrung zu Tage fördern. Gelingt es nun die Urteilskriterien zu identifizieren, die zu unterschiedlichen Einschätzungen der Praxis geführt haben, dann gelangen die Teilnehmer an der Meta-Kommunikation zur Formulierung ähnlicher ethischer Minimalvoraussetzungen für Kommunikation, die die Diskursethik in unhintergehbaren Regeln ausbuchstabiert hat.[299] In den meisten Fällen sind hinter den positiven wie negativen Kritiken Kriterien identifi-

---

298 Sutor, 1988, S.21 schlägt an dieser Stelle die Einführung der Verfassung in die Konsensdiskussion „als einen Schritt der praktischen Vernunft" vor, „der sich aus dem Scheitern der ‚theoretischen Vernunft' in der Frage der Letztbegründung gemeinsamer Werte zwingend ergibt.
299 Vgl. Scherb, 2004, S.95ff.

6.3 Pragmatismus und Demokratie-Lernen II

zierbar, die auf Werte wie Gleichheit der Person, Freiheit der Meinungsäußerung, Toleranz der anderen Positionen, Gerechtigkeit etc. hinweisen. Die in diesen Reflexionsprozessen aufscheinenden ethischen Minima liegen jedoch einer demokratischen Praxis immer schon voraus. Aus dieser Perspektive lässt sich hier ein zusätzlicher Geltungsanspruch für den aus Peirce Kategorienlehre entwickelten Personalismus begründen: Wenn mit der Rekonstruktion der Urteilskriterien ein intersubjektiv ähnliches Set von Werten zu Tage gefördert wird, dann spricht Vieles dafür, dass die diesen Urteilskriterien innewohnenden Werte bei den Menschen immer schon vorhanden sind. Demokratieerziehung auf der Basis des Pragmatismus bedeutet nun, Lernarrangements bereit zu stellen, die es ermöglichen, die diesen Urteilskriterien innewohnenden Werte in ihrer Korrespondenz mit den Essentials einer freiheitlich-pluralistischen Demokratie zu verstehen. Hier eröffnet sich auch der Zugriff auf die normativen Implikationen des Pragmatismus. Für einen Beobachter dritter Ordnung (z.B. für den Politikdidaktiker) weist der Prozess der metakommunikativen Rekonstruktion von werthaltigen Urteilskriterien eine starke Affinität des Pragmatismus zu einer Theorie der pluralistischen Demokratie auf, in der für die reale Gemeinschaft der Wahrheitssuchenden und deren experimentelle Forschungsmethode die günstigsten Bedingungen vorgefunden werden.

Das dritte Begründungskonzept liegt in der transzendental-pragmatischen Begründung ethischer Minima gelingender Kommunikation: Aus der Vielzahl der Wirkungen, die ein Objekt auf um Erkenntnis bemühte Individuen haben kann, wurde oben die Notwendigkeit von Kommunikation begründet. Peirce selbst sieht hier „the indefinite community of investigators" begründet.[300] Für Reese-Schäfer liegt in dieser unbegrenzten Gemeinschaft aller Verstandeswesen die philosophische Wurzel der Diskursethik. Die transzendental verstandene Kommunikationsgemeinschaft verweist auf ein ethisches Apriori, das Habermas in den folgenden Universalisierungsgrundsatz >U< kleidet:

> „Jeder, der den ernsthaften Versuch unternimmt, normative Geltungsansprüche diskursiv einzulösen, (lässt sich) intuitiv auf Verfahrensbedingungen ein, die einer impliziten Anerkennung von >U< gleichkommen."[301]

Selbst wenn im Diskurs diese Universalisierungsregel bestritten wird, kann auf dem Wege der transzendental-pragmatischen Ableitung aus Argumentationsvoraussetzungen im allgemeinen der performative Beweis für >U< erbracht werden.

---

300 Für Reese-Schäfer ist hier die unbegrenzte Gemeinschaft aller Verstandeswesen als philosophische Wurzel der Diskursethik impliziert. Vgl. Reese-Schäfer, 1997, S.455.
301 Habermas, 1992, S.103.

Denn – so Habermas –

> „(...) wer ernsthaft eine dieser Warum-Fragen aufwirft, der hat spätestens damit den Boden des argumentativen Diskurses betreten, und das besagt: er kann sich durch Reflexion auf den Sinn seines Tuns davon überzeugen, dass er die Regeln (...) der kooperativen Argumentation und damit auch die ethischen Normen einer Kommunikationsgemeinschaft notwendigerweise schon anerkannt hat."[302]

Allerdings ist deshalb noch nicht entschieden, welche Qualität der Kommunikation zu dem intersubjektiv akzeptierten Resultat über die Geltung einer Auffassung vom Objekt führt. Habermas selbst geht davon aus, dass seine Annahme der idealen Diskurssituation eine kontrafaktische Annahme ist, d.h. dass empirische Diskurse immer mehr oder weniger stark von der idealen Diskurssituation abweichen. Erstens kann jede Kommunikationsgemeinschaft durchaus hierarchische Strukturen aufweisen, die sich auch auf die Art der Kommunikation auswirken. In praxi ist sogar regelmäßig von asymmetrischen Kommunikationsstrukturen, in denen sich Machtverhältnisse bemerkbar machen, auszugehen. Zweitens sind die ethischen Voraussetzungen des Diskurseintritts möglicherweise nicht Ausdruck der Überzeugung der Diskursteilnehmer, sondern haben strategischen Charakter. Die Geltungskraft transzendental-pragmatischer Begründung liegt also nur in der performativen Geltung der ethischen Implikationen statthabender Kommunikation. Und das heißt: Wir können nur beobachten, dass Teilnehmer an Diskursen durch ihr äußeres Verhalten bestimmte ethische Minima beachten. Auf eine innere Haltung können wir jedoch nicht schließen. Welche normative Kraft aus der transzendental-pragmatischen Begründung ethischer Minima der Kommunikation für einzelnen Diskursteilnehmer erwächst, ist unklar.

---

302 Habermas, 1992, S.186 mit einem Hinweis auf Karl-Otto Apel.

7. Streitbare Demokratie und didaktische Praxis

7.1 Demokratieerziehung als Förderung reflexiver Urteilskompetenz

Da der freiheitliche Staat auf sozial-moralischen Ressourcen beruht, die er nicht von Staats wegen generieren kann (Böckenförde-Theorem)[303], ist jeder Versuch, *vorab* feststehende Inhalte *im Sinne einer Wertevermittlung* zu übertragen, auszuschließen. Andererseits ist eine lediglich auf individuelle Selbstbestimmung begründete Demokratieerziehung ständig dem Risiko beliebiger Ergebnisse ausgesetzt. Eine angemessene Begegnung mit der Bipolarität einer Vorgabe von Inhalten einerseits und subjektivistischer Selbstbestimmung andererseits bietet das Konzept der Förderung reflexiver Urteilskompetenz. Dieses Konzept berücksichtigt einerseits die subjektiv-biografischen Eingangsvoraussetzungen bei den Lernenden, setzt aber andererseits auch auf die objektivierende Wirkung einer kategorialen Selbst-Kontrolle durch rationale politische Urteilsbildung. Demokratieerziehung kann demnach nur im Spannungsverhältnis von Selbstbestimmung und normativer Bindung konstituiert werden.

7.1.1 Die subjektiv-biografische Eingangssituation

Vor allem für Bildungsprozesse, in die Jugendliche involviert sind, wäre zu berücksichtigen, dass im Gegensatz zur Schulkultur, in der kognitive Prozesse dominieren, in den Jugendkulturen eine Tendenz zur Ästhetisierung, d.h. der „qualitative Bedeutungszuwachs von Sinnenorientierung, Bildlichkeit, Wahrnehmungsorientierung im Gegensatz zu Sprachlichkeit, Diskursorientierung oder sozio-ökonomischen Kategorien"[304] beobachtet werden kann. Formen der ästhetischen Rationalisierung stellen in der Jugendkultur sogar den verbreitetsten Modus der Vermittlung von individueller und kollektiver Identität dar. Jugendliche „Erlebnismilieus" konstituieren sich nicht primär auf der Grundlage kognitiver Rationalität, sondern

---

303 Vgl. Böckenförde, 1976, S.60.
304 Flaig, 1993, S.10.

über „Formen expressiver Selbstinterpretation und Selbstinszenierung", in denen Identifizierungen und Abgrenzungen über Outfit, Kleidung, Konsum, Sprache oder Lebensstile erfolgen.[305] Neben dieser sogenannten „Emblematisierung" markieren häufig auch Ritualisierungen im Alltag von Jugendlichen die Zugehörigkeit zu einem fragilen sozialen Kontext, für den der Begriff Gruppe schon ein Übermaß an Institutionalisierung ausdrücken würde. Konstatierbar sind in diesem Zusammenhang z.b. Aufnahme- und Abschiedsrituale, eine spezifische Fetenkultur z.b. in Abifeiern, sowie Mutproben und Regelübertretungen.[306] Sofern nun davon auszugehen ist, dass die subjektive Wahrnehmung für Urteile konstitutiv ist, entsteht für den Prozess der Demokratieerziehungs eine Falle, wenn diese in der Jugendkultur verbreiteten Formen der Ästhetisierung nicht als Eingangssituation dieses Prozesses Berücksichtigung finden. Werden nämlich diese Ästhetisierungstendenzen nicht produktiv genutzt oder werden sie gar in ihrer Performanz behindert oder unterdrückt, dann ergeben sich mindestens zwei Probleme, *einerseits* das Problem der sich hartnäckig haltenden Vor-Urteile und *andererseits* das Problem des Motivationsdefizits und damit das Problem eines versperrten Zugangs zur Demokratieerziehung. Stehen die subjektiven Wahrnehmungen nicht auf der Agenda der Urteilsbildung, dann verschaffen sie sich *stillschweigend* Geltung und verhindern den möglichen Rationalitätsgewinn, den eine kommunikative Aufarbeitung subjektiver Befindlichkeiten zulässt. *Vor*-Urteile bleiben dann länger wirksam, weil sie unentdeckt, unerkannt und deshalb unreflektiert und ungefiltert zunächst in die Lernprozesse, die zugleich auch Prozesse der Wertebildung sind, Eingang finden. Die Verarbeitung von Vor-Urteilen bedeutet dabei nicht, dass die berücksichtigten Ästhetisierungen durch kognitive Kontrollen vollständig eliminiert werden, so als ob ein antinomisches Verhältnis zwischen kognitiver und ästhetischer Rationalität angenommen werden müsste, so als ob Ästhetisierungen kein kognitiver Gehalt innewohnte. Vielmehr muss angenommen werden, dass Realität vom Subjekt *mit*konstituiert wird.[307] Die Forderung, auch die ästhetische Rationalität der Urteile im Prozess kommunikativer Reflexion und Evaluierung zu berücksichtigen, bedeutet deshalb, dass eine Zunahme der Rationalität der Urteile – eben „Interrationalität" – zunächst auch eine verständigungsorientierte Klärung der individuellen Wahrnehmungen voraussetzt, damit es überhaupt sinnvoll erscheinen kann, einen Diskurs darüber zu beginnen, was sein soll.

Die Forderung nach *Interrationalität* hat einen zweiten, *motivationalen* Aspekt. Werden Prozesse der Ästhetisierung von der Demokratieerziehung künstlich fern

---

305 Vgl. Henkenborg 1995, S.171. Vgl. Schmidt, 2002, S.46ff. u. S.62ff.
306 Vgl. Hafeneger, 2002, S.88f.
307 Vgl. Kaufmann, 1994, S.177.

gehalten, dann versperrt diese sich die Möglichkeit, den motivationalen Impetus zu nutzen, der erst den Zugang zum Politischen öffnet. Der Zugang zur Wirklichkeit wird über Sinnenorientierung, d.h. im Rückgriff auf z.b. die Bildlichkeit der Darstellung und/oder auf musikalische Eindrücke leichter gelingen, als durch die Beschränkung auf die herkömmliche Methodenkultur der vorwiegend sprachlich-kognitiven Bearbeitung.[308] Insofern stellt die Berücksichtigung der subjektiv-biografischen Eingangsbedingungen von Lernprozessen eine Pädagogisierung dar, die die Lebenswelt der Lernenden, d.h. einerseits ihre soziale Umwelt und andererseits ihre individuellen Deutungsmuster in den Blick nimmt. Wenn die Pädagogisierung des Politischen an der Lebenswelt der Lernenden ansetzt und das Subjektiv-biografische in den Lernprozess integriert, dann stehen zunächst die individuellen Befindlichkeiten auf der Agenda. Sie äußern sich in spontanen Meinungen und gelegentlich in einem gesinnungsethischen Rigorismus. *("Fiat jus, pereat mundus!")*

7.1.2 Rationalität und Urteilsbildung

Demokratieerziehung beinhaltet auch einen Prozess der Objektivierung der individuellen Befindlichkeiten und begründet die Forderung rationale politische Urteilsbildung zu ermöglichen. Der Rationalitätsgrad von Urteilen wird durch die Berücksichtigung verschiedener Reflexionsstufen sukzessive erhöht. Man kann in diesem Zusammenhang auf die weithin anerkannten Ergebnisse der Erforschung des Zusammenhangs von kognitiver und moralischer Entwicklung von Lawrence Kohlberg zurückgreifen, wonach das Urteilsniveau mit der kognitiven Entwicklung steigt.[309] Formuliert man diesen Zusammenhang um in ein pädagogisches Konzept, dann ist die individuelle Verbesserung der Rationalität der Urteile und die Verbesserung der Rationalität der sich daran anschließenden Entscheidungen Grundvoraussetzung für die moralische Entwicklung der Lernenden. In Kohlbergs Modell der moral-kognitiven Entwicklung bilden Stufe 1 und 2 zusammen die Ebene des „*präkonventionellen*" Denkens. Moralische Urteile haben auf dieser Ebene rein egozentrische Perspektiven. Alter profitiert von Egos Urteil oder Handlung nur indirekt, sofern Ego selbst im allgemeinen einen Vorteil für sich sieht. Auf der *„konventionellen"* Ebene bezieht moralisches Denken den Standpunkt der Sozialität mit ein. Auf Stufe 3 wird im Gegensatz zu Stufe 2 anerkannt, dass unabhängig von individuellen Nutzenkalkülen das Wollen anderer ein Kriterium für „gutes" oder

---

308 Vgl. Schmidt, 2002, S.62ff.
309 Vgl. Scherb, 2003, S. 61ff.

„richtiges" Handeln darstellt. Während jedoch auf Stufe 3 der „konventionellen" Ebene moralisches Denken in seiner Sozialität auf unmittelbare gesellschaftliche Bezüge beschränkt ist, tritt auf Stufe 4 die öffentliche Ebene des sozialen und

Tabelle 4: Kohlbergs Stufenmodell der moral-kognitiven Entwicklung mit diskurstheoretischer Erweiterung der Stufe 6[310]

Stufe des moralischen Bewusstseins	Soziologische Dimension des Handelns	Individuelle Dimension des Handelns	Soziale Perspektive	Auffassung von Gerechtigkeit
I. Vorkonventionelle Ebene	Stufe 1: autoritätsgesteuert --------------- Stufe 2: interessengesteuert	Loyalität bzw. Orientierung an Belohnung/ Bestrafung	Egozentrische Perspektive	Komplementarität von Befehl und Gehorsam --------------- Symmetrie der Entscheidungen
II. Konventionelle Ebene	Stufe 3: Rollenhandeln --------------- Stufe 4: normengeleitet	Pflicht statt Neigung	Perspektive der Bezugsgruppe --------------- Perspektive des politischen Systems	Rollen-Konformität --------------- Konformität mit bestehendem Normensystem
III. Nachkonventionelle Ebene	Stufe 5: Argumentation --------------- Stufe 6: Kommunikation	Autonomie statt Heteronomie und nicht Pflicht, sondern Selbstverpflichtung	Prinzipienperspektive --------------- prozedurale Perspektive	Gerechtigkeitsprinzipien --------------- kommunikative Begründung von Prinzipien

---

310 Schematische Darstellung der Kohlberg-Stufen unter Berücksichtigung von Habermas' Diskurstheorie der Moral bei Stufe 6. Vgl. Kohlberg, Lawrence/Turiel, Elliot, 1978, S.18f. auch Habermas, 1992, S.176f.

7.1 Demokratieerziehung als Förderung reflexiver Urteilskompetenz

politischen Systems hinzu. Stufe-4-Denken kümmert sich nach wie vor um andere Menschen, doch die Perspektive ist jetzt weiter, da Verpflichtungen gegenüber der Gesamtgesellschaft eine Rolle spielen. Dabei ist zu berücksichtigen, dass Stufe-4-Denken nicht konformistisch sein muss. Ein Sozialist, der auf Stufe 4 denkt und urteilt, kann durchaus ein konsequenter Kritiker des kapitalistischen Systems sein, in dem er lebt. Allerdings stellt der Sozialist lediglich *seine* politischen Vorstellungen in den Vordergrund. Kommt es auf Stufe 4 zu einem Konflikt zwischen den Menschenrechten einerseits und den Systemerfordernissen andererseits, so steht das Stufe-4-Denken auf der Seite des politischen Systems. Dabei wird nicht gesehen, dass die Regeln und Gesetze des Systems selbst nur der Versuch sind, Gerechtigkeit zu schaffen.

Auf der „*postkonventionellen*" Ebene, die mit Stufe 5 beginnt, wird die Gebundenheit moralischer Urteile an ein soziales System durch prinzipiengeleitetes Urteilen überwunden. Während auf der „präkonventionellen" Ebene individualistisches Denken vorherrscht und „konventionelles" Denken das politische System in den Vordergrund stellt, erzeugt „Postkonventionalität" die Synthese zwischen Individuum und Gesellschaft. Dies ist die Stufe des Gesellschaftsvertrags. Stufe 5 berücksichtigt dabei die vorstaatliche Perspektive, dass der Zweck jeden Systems darin besteht, den Menschen zu dienen – nicht umgekehrt. Stufe 5 denkt somit das politische System vom Menschen her und kann so möglicherweise Übertretungen von Konventionen und Gesetzen moralisch begründen.[311] – Auf Stufe 6 sind die persönlich gewählten Prinzipien zugleich Prinzipien der Gerechtigkeit, die jeder für sein eigenes gesellschaftliches System wählen würde.[312] Während Kohlberg auch auf Stufe 6 lediglich eine monologische Struktur der Urteilsbildung berücksichtigt, bindet Habermas die Orientierung politischer Urteile an universalethischen Prinzipien selbst noch zurück an die Evaluation in einem kommunikativen Prozess. Die Spalte „Soziale Perspektive" (Siehe Tabelle 4!) markiert die fortschreitende Erweiterung der gesellschaftlich-politischen Dimension von Urteilen, mit der eine Erhöhung der Rationalität des Urteils einhergeht. Das Problem der Dialektik von individueller und kollektiver Identität erscheint didaktisch umformuliert als Forderung an Politische Bildung, einen Beitrag zur Entwicklung politischer Urteilskompetenz zu leisten und dadurch gleichzeitig Demokratieerziehung zu fördern. Wird Kohlbergs Konzept moralisch-kognitiver Entwicklung mit politischen Kategorien angereichert, dann lässt sich ein Konzept für Demokratieerziehung gewinnen, in dem folgende Reflexionsstufen berücksichtigt werden können.

---

311 Solzbacher, 1994, S.145 sieht in Stufe 5 das Sinnkonzept des modernen freiheitlichen Verfassungsstaates verwirklicht.
312 Vgl. Solzbacher, 1994, S.144 mit Bezug auf Kohlberg.

Reflexionsstufe 1 beinhaltet den Perspektivenwechsel, der die Sichtweise der anderen mit einbezieht. Auf einer ersten Stufe werden daher die zu einem Problem vorgetragenen und gesammelten spontanen Äußerungen in einem diskursiven Verfahren einer Beurteilung unterzogen. Die Reflexivität individueller Urteilsgründe vollzieht sich in der Rechtfertigung der eigenen Argumente und in der Beurteilung der eigenen Argumente durch die anderen Teilnehmer. Im Prozess der Entwicklung von Urteilskompetenz lernen die Teilnehmer, Wertorientierungen reflexiv zu entwickeln. Die Beurteilung der individuellen Urteilsgründe aus unterschiedlichen Perspektiven kann zu einer Gewichtung und zu einer Hierarchisierung nach Bedeutsamkeit und sodann auch zu einer Relativierung eigener Interessen und der darauf gerichteten Argumentationen führen.

Reflexionsstufe 2: Während Reflexionsstufe 1 noch auf die Interessensabwägung der unterschiedlichen Akteure in einem politischen Konflikt beschränkt ist, mithin also lediglich partikulare Perspektiven miteinander konfrontiert, nimmt Reflexionsstufe 2 die Konsequenzen von Urteilen und Entscheidungen in den Blick. Auf dieser zweiten Reflexionsstufe wird die soziale Perspektive miteinbezogen. Es handelt sich dabei um eine Politisierung der Urteilsbildung mit der *einerseits* die Gefahr vermieden wird, dass in einer nur individualistischen Sichtweise der einzelne als alleiniger Akteur gesehen und deshalb moralisch einseitig belastet wird. *Zum Zweiten* ermöglicht die Berücksichtigung des sozialen und historischen Kontextes, in dem das Individuum steht und in dem seine Entscheidungen beeinflusst werden, auch den Blick auf die Konsequenzen seines Urteils und auf die Tragfähigkeit seiner Argumentation in sozialer Perspektive. Kohlbergs Theorie der moralkognitiven Entwicklung legt dabei den Zusammenhang von Reflexion der Urteilsbildung mit der (Höher-)Entwicklung der Rationalität des Urteils als Bedingung der Verantwortlichkeit des Urteilenden nahe. Verantwortungsübernahme setzt so z.B. eine kognitive Entwicklung voraus, die zumindest einen Perspektivenwechsel – also nicht nur die Sicht von *Ego*, sondern auch die Sicht von *Alter* – ermöglicht. Dabei impliziert die Reflexion auf das politische System sogar Kohlbergs Stufe 4. Die Re-Politisierung der Urteilsgründe setzt als Aufhebung der lebensweltbezogenen Pädagogisierung nämlich mindestens die kognitive Stufe voraus, in der die Wahrnehmungswelt der an Urteilsprozessen Beteiligten nicht nur *Alter*, sondern auch das gesellschaftliche System enthält. Diese Reflexionsebene erlaubt zugleich, dass Lernende mit Hilfe des Kohlbergmodells ihren Blick auf politische Entscheidungen oder auf Positionen richten, die im politischen Meinungsspektrum vertreten werden. In diesem Zusammenhang kann der Prozess politischer Urteilsbildung, in dem zunächst die Urteile der am Lernprozess Beteiligten auf dem Prüfstand stehen, in einen Prozess der moralischen Evaluation gesellschaftlicher Reali-

7.1 Demokratieerziehung als Förderung reflexiver Urteilskompetenz 121

tät überführt werden.³¹³ Dies gelingt durch den Vergleich politischer Realität mit der auf Kohlbergstufe 4 beschriebenen moralischen Qualität eines gerechten politischen Systems.

Reflexionsstufe 3 geht noch einen Schritt weiter und versteht sich als ideologiekritischer Prozess der Auseinandersetzung mit dem politischen System selbst. Auf dieser dritten Reflexionsstufe richtet sich der Blick nicht nur auf die *Praxis* in einem politischen System, sondern bezieht dieses *System selbst* in den Prozess der Urteilsbildung mit ein. Dadurch eröffnet sich die Möglichkeit, über das aktuell verhandelte Problem hinauszudenken und in eine Grundsatzdiskussion über politische Systeme und politische Ordnungsvorstellungen einzutreten. Auch auf dieser Reflexionsstufe kann Kohlbergs Modell eine Hilfestellung anbieten, denn die postkonventionelle Stufe 5 (Stufe des sozialen Kontrakts) denkt das politische System vom Menschen her. Kohlbergs Stufe 5 nimmt dabei eine vorstaatliche Perspektive ein und fragt, ob das politische System in der vorliegenden (verfassten) Form für die zu bewältigende Aufgabe (i.e. das im Politikunterricht thematisierte Problem) eine gute Lösung ermöglicht. Sofern die NPD-Verbotsdiskussion als Hinweis auf ein strukturelles Defizit demokratischer Streitbarkeit zu interpretieren ist, schließt sich im politikwissenschaftlichen Unterricht die Frage an, inwieweit durch eine Änderung des geltenden Rechts eine bessere Lösung für die politische Praxis erreichbar ist.³¹⁴

Reflexionsstufe 4: Überlagert werden diese Reflexionsprozesse durch einen Prozess der Evaluation, in dem die hinter den Urteilen liegenden Urteilskriterien thematisiert werden. Hier befindet sich eine erste Stufe der Selbstreflexion als Rückversicherung über die kriterialen Voraussetzungen der eigenen Urteile. Die Urteilsbildung verläuft bei Lernenden zunächst spontan und lässt sich erst sukzessive auf ein gewisses Rationalitätsniveau heben. Dabei bedürfen die drei vorgenannten Reflexionsstufen ohnehin schon der orientierenden Intervention durch die kompetente Lehrperson. Die Reflexionsstufe, auf der es um die Quaestio juris geht, bedarf

---

313 Henkenborg, 1993, S.17. Henkenborg spricht hier missverständlich von der Evaluation „gesellschaftlicher *Systeme*". Es geht jedoch nicht um die Systemfrage, also die Frage nach der „guten" politischen Ordnung, sondern lediglich um die Frage nach der „guten" Praxis innerhalb einer vorgegebenen demokratischen Ordnung. Zutreffender erscheint deshalb die Sprachregelung von Reinhardt, 1999, S.78, die Kohlbergs Konzept in diesem Zusammenhang als Instrument zur moralischen Evaluation von gesellschaftlicher *„Realität"* begreift. Dass Henkenborg noch eine dritte Reflexionsebene fordert, die eine Betrachtung der Bedingtheit von Moral im Kontext des politischen Systems fordert („ideologiekritischer Prozess der Auseinandersetzung mit Moral"), belegt diese Feststellung.
314 Vgl. hier unter *3.4 „Flexible Response" der Streitbaren Demokratie*, S. 47ff.

umso mehr dieser stimulierenden, orientierenden und intervenierenden Aktivität der Lehrperson. Auch hier ist es von Vorteil, wenn Lernende Kohlbergs Modell der moral-kognitiven Entwicklung kennen.[315] Die verschiedenen Kohlberg-Stufen können so nicht nur der Selbstreflexion dienen, sondern gleichzeitig auch der Gewinnung von Urteilskriterien als Voraussetzung für die Evaluation der im Unterricht geäußerten Urteile. Das hohe kriteriale Niveau vor allem der postkonventionellen Stufen beinhaltet jedoch auch eine Gefahr, auf die in diesem Zusammenhang hingewiesen werden muss: Gibt man Kohlbergs Stufentheorie als Beurteilungsinstrument in die Hand der Lernenden, so kann dies durchaus eine den Prozess rationaler politischer Urteilsbildung störende Wirkung haben. Es besteht nämlich die Gefahr, dass Lernende Kohlbergs fünfte oder sechste Stufe als moralische Rundumwaffe gegen Argumente anderer Teilnehmer, gegen Positionen im politischen Meinungsstreit oder insgesamt gegen eine unvollkommene politische Ordnung wenden. In diesem Fall führt das Instrument Kohlbergs zur Blockade politischer Urteilsbildung, weil an dem Maßstab der sechsten Kohlberg-Stufe jede politische Praxis scheitern muss und damit jede Argumentation vorschnell beendet wird. Diese problematische Möglichkeit muss die Lehrperson einschätzen können, bevor sie ihrer Klientel Kohlbergs Theorie als Instrumentarium zur Verfügung stellt. Damit soll nicht gesagt werden, dass es im Einzelfall nicht sinnvoll ist, Lernende mit der Theorie Kohlbergs vertraut zu machen.[316] Nur müssen politische Bildner durch die vorausblickende Folgenabschätzung gewährleisten, dass diese Bekanntmachung für die Lernenden nicht zu einer starren Vorgabe wird, die Kohlbergs Stufen zu einer rigiden Messlatte macht, mit der Argumente und jede vorfindbare Praxis abgeurteilt werden können. Pädagogen müssen also antizipieren können, inwieweit die Kohlberg-Stufen auch für Lernende lediglich als heuristisches Schema von Kategorien aufgefasst werden, das eine diskursiv erörterbare Orientierung bietet und insofern selbst in die Kontroverse miteinbezogen werden kann.

Reflexionsstufe 5 ist die Stufe der Meta-Kognition und der Selbstreflexion. Diese Reflexionsstufe ist vermutlich für ein Konzept zur Förderung habitueller Demo-

---

315 In diesem Sinne auch Reinhard, 1999, S.56 u. S.80.
316 Langjährige Erfahrungen mit Prozessen politischer Urteilsbildung im Unterricht ermutigen den Verfasser zu der Annahme, dass die Bekanntmachung mit den Kohlberg-Stufen im Gymnasium im Politikunterricht spätestens in der 10. Klasse durchaus erfolgen kann. Ob dies schon in früheren Altersstufen möglich oder sinnvoll ist und inwieweit in anderen Schultypen die Kohlberg-Stufen für Lernende ein heuristisches Instrumentarium darstellen können, müsste empirisch untersucht werden. Einige Hinweise auf die Bedeutung Kohlbergs für die politische Urteilsbildung in der Hauptschule finden sich in der Dissertation von Gantner, 1990, S.176ff.

7.1 Demokratieerziehung als Förderung reflexiver Urteilskompetenz

kratiekompetenz die wichtigste.[317] Es ist nicht davon auszugehen, dass unterschiedliche Interessen im Alltag und divergierende Meinungen immer zu einvernehmlichen Entscheidungen führen. Im Gegenteil sind häufig auch Streit und Dissens beobachtbar, in denen vor allem auch emotionale Elemente eine große Rolle spielen. Spätestens an dieser Stelle ist der reflektierende Blick auf die eigene Praxis hilfreich. Das Argumentieren in konfliktträchtigen Situationen stellt sich häufig als „gestörte" oder „verzerrte" Kommunikation dar, weil sich (egoistische) Interessen, Emotionen oder auch strategisches Verhalten zur Erreichung der Ziele in den Vordergrund drängen. Wenn deutlich wird, dass eine Orientierung an Gründen allein nicht gelingt, liegt es nahe, zu untersuchen, was das „Bestimmtsein durch Gründe", also die Rationalität der Auseinandersetzung hemmt. Zum vollen Verstehen des Verhaltens in solchen Auseinandersetzungen ist es deshalb notwendig, die Diskrepanz zwischen dem Anspruch der idealen Sprechsituation und der Realität zu eruieren. Das Meta-Gespräch erfüllt hier die Funktion, diejenigen Faktoren aufzudecken, die eine an Gründen orientierte Kommunikation stören, um sie ggf. beilegen zu können. In der Kommunikation über Kommunikation wird das Gelingen oder das Misslingen von Verständigung selbst zum Thema. Jeder Teilnehmer an der Kommunikation transzendiert dabei kognitiv seine Position und wird zum Beobachter eines Prozesses, an dem er selbst beteiligt ist. Als Beobachter höherer Ordnung blickt er zugleich auf die kommunikativen Beziehungen, in die er eingebunden ist. Diese Meta-Kognition ist zugleich Selbstreflexion. Selbstreflexion eröffnet die Möglichkeit, auf der Beziehungsebene zur Besserung oder Vertiefung zwischenmenschlicher Kontakte als Voraussetzung für eine erfolgreiche Kommunikation beizutragen.[318]

Diese fünf Reflexivitätsstufen beschreiben ein normatives Konzept der Demokratieerziehungs. Dabei wird deutlich, dass demokratische Werte nicht unmittelbar in ihrer Inhaltlichkeit, sondern in ihrem Aufgabencharakter wirksam werden müssen.[319] Dies bedeutet keinen Verzicht auf die Inhaltsdimension. Wenn sich Demokratieerziehung als permanente Aufgabe versteht, dann wird durch die hier begründeten Reflexionsstufen eine Praxis beschrieben, mit der immer schon Wertinhalte transportiert werden. Die in diesen Reflexionsprozessen aufscheinenden Werte sind z.B. die Werte der Toleranz und des gegenseitigen Respekts, der Gleichheit und Gleichberechtigung der Diskursteilnehmer, das Prinzip der Anerkennung der

---

317 Vgl. Watzlawick, 1969, S.56.
318 Vgl. Schulz von Thun, 2003, S.26.
319 Vgl. in diesem Zusammenhang die Forderung nach einem „soft law" der Erziehungsziele hier unter 5.2 Verpflichtungsumfang einer Réligion civile der Streitbaren Demokratie, S.81ff.

Person etc. Es sind die Werte, die einer demokratischen Praxis immer vorausliegen. Diese demokratischen Werte in der Reflexion immer wieder ins Bewusstsein zu rufen, stellt eine allgemeine Aufgabe für Politische Bildung dar. Insofern ist die kognitive Rekonstruktion der gelebten und selbst erfahrenen Demokratie unabdingbare Voraussetzung für die Entwicklung demokratischer Einstellungen und Verhaltensweisen. Auf einer zweiten Beobachterebene hätte Erziehung somit die Funktion, die ihrer eigenen Praxis inhärenten Werte meta-kognitiv zu rekonstruieren und in ihrer Korrespondenz mit den zentralen demokratischen Grundwerten zu identifizieren. Gelingt diese Reflexionsleistung als selbständige Tätigkeit der Lernenden, werden sich also Lernende ihrer eigenen Praxis als einer demokratischen Praxis bewusst, dann werden die Möglichkeiten der Politischen Bildung im Hinblick auf Demokratieerziehung ausgeschöpft.

7.2 Didaktische Prinzipien des Demokratie-Lernens

Wenn Demokratieerziehung nur im Spannungsverhältnis von Selbstbestimmung und normativer Bindung konstituiert werden kann, dann müssen Lernprozesse eine angemessene Begegnung mit der Bipolarität einer Vorgabe von Inhalten einerseits und subjektiver Selbstbestimmung andererseits ermöglichen. Unter diesen Voraussetzungen lässt sich Sinnorientierung als integrierendes didaktisches Prinzip für Politische Bildung begründen. Die *Suche nach Sinn* gilt als wesentliches Merkmal des Menschseins und weithin auch als anthropologisches Grundbedürfnis.[320] Mit Bezug auf theologische Diskurse kann *Sinn* dabei als dasjenige angenommen werden, was das Leben des Menschen gelingen lässt.[321] Sinnorientierung ist deshalb ein übergeordnetes Lebensprinzip. Wenn nun gilt, dass Lernen einen Teilbereich des menschlichen Lebens darstellt, dann gilt auch, dass gelingendes Lernen einen Teilaspekt gelingenden Lebens ausmacht. Daraus folgt unmittelbar, dass Sinnorientierung auch als übergeordnetes Bildungsprinzip anzusehen ist. Andere Prinzipien wie Schülerorientierung, Problemorientierung, Erfahrungsorientierung, Handlungsorientierung etc. stehen daher zur Sinnorientierung in einem Verhältnis der instrumentellen Unterordnung. Sinnorientierung begründet sich aus zwei Lernkontexten, erstens dem Lernen als dem Sinnerfahrung ermöglichenden Bezug auf die Lerninhalte des Unterrichts (subjektive Seite) und zweitens aus dem Anspruch der Sache (objektive Seite). Das didaktische Prinzip der Sinnorientie-

---

320 Vgl. Battisti, 1994, S.64ff.
321 Vgl. Kurz, 1987, S. 199.

rung berücksichtigt daher einerseits die subjektiv-biografischen Eingangsvoraussetzungen bei den Lernenden, setzt aber andererseits auch auf die objektivierende Wirkung einer kategorialen Selbst-Kontrolle.

7.2.1 Der Anspruch des Subjekts: Sinnorientierung und Pädagogisierung

Eine erste Annäherung an das Prinzip der Sinnorientierung erfolgt von der subjektiven Seite her. Dementsprechend ist Sinn zunächst dasjenige, was *in der Perspektive des Subjekts* dessen Leben gelingen lässt. Das heißt: Sinn muss durch das Subjekt erst *gefunden* werden. *Gelingendes Lernen* als Teilaspekt gelingenden Lebens ist deshalb auf eine erfolgreiche Sinnfindung durch die Schülerinnen und Schüler angewiesen.[322] Eine erfolgreiche Sinnfindung ist für die Lernenden jedoch vor allem abhängig vom Lebensweltbezug des Lernens. *Lebenswelt* versteht sich dabei *erstens* soziologisch als Milieu und heimatlicher Nahraum der Lernenden, in dem die sozialen Beziehungen geknüpft sind, in denen sie aufwachsen. „Lebenswelt" meint hier v.a. aber die individuellen Deutungsmuster der äußeren Realität durch die Lernenden. Lebenswelt ist insofern die kognitive Realität, in der Lernende zu Hause sind. Das Hemmnis für eine erfolgreiche Sinnfindung besteht nun darin, dass das schulische Lernen oft von der Lebenswelt der Schülerinnen und Schüler abgehoben ist. In dem Maße wie nun ein lebensweltlicher Bezug des Lernens fehlt, entsteht sinnentfremdetes Lernen. Der Pädagoge Heinz Schirp hat kritische Schüleräußerungen zum Sinn von Schule und Lernen aus didaktischen Gründen einmal pointiert zusammengefasst. Beklagt wird dabei ein Lernen von *Inhalten*, für die man sich nicht interessiert, das mit Hilfe von *Lernverfahren,* auf die man keinen Einfluss hat, zu *Ergebnissen* führt, mit denen man nichts anfangen kann.[323] Diese pauschale Kritik ist nicht in erster Linie als allgemein gültige Diagnose über den Zustand der Schule von Belang. Sie gilt vielmehr als ernst zu nehmender Hinweis auf diejenigen Dimensionen, in denen zwischen dem Lernen und den Lernenden eine sinnstiftende Verbindung herzustellen ist. Sie ist damit Anlass für die Entfaltung des normativen Prinzips der Sinnorientierung in den Lerndimensionen *Inhalt, Verfahren* und *Ergebnis.* Diese Verknüpfungsaufgabe konkretisiert sich in der Forderung, im Unterricht zwischen seinen Gegenständen, seinen Aufgaben (Inhaltsdimension), seinen Strukturen und den dort ablaufenden Interaktionen und Prozessen (Verfahrensdimension) und seinen Lernerfolgen (Ergebnisdimension)

---

322 Vgl. Frohne, 1999, S.162.
323 Vgl. Schirp, 1995, S.265.

eine Verbindung herzustellen zu den an Unterricht Beteiligten, die es ihnen ermöglicht, in ihrem Handeln einen Sinn zu erkennen.

(1) Inhaltsdimension: (*Der Zusammenhang von Sinnorientierung und Problem-/ Erfahrungsorientierung*) Sinn-*Erfahrung* für Lernende wird erstens möglich, wenn Inhalte für die Lernenden eine problemhaltige Aufgabe darstellen. Dies bedeutet, dass zwischen den Lerninhalten des Politikunterrichts und den Lebensweltbezügen der Lernenden eine Verknüpfung hergestellt werden muss. Problemorientierung bedeutet insofern immer auch Erfahrungsorientierung. Verlangt ist eine Fundierung des Wissens durch möglichst *originäre* Erfahrung. Für die Politische Bildung wäre dabei zu berücksichtigen, dass der subjektive Sinnhorizont der Schülerinnen und Schüler nicht unmittelbar durch Inhalte bestimmt wird, die dem staatlich-institutionellen Bereich zuzuordnen sind, sondern vielmehr durch Inhalte, die im gesellschaftlichen Bereich angesiedelt sind. Die persönlichen Erfahrungen der Schülerinnen und Schüler beziehen sich nicht auf das Parlament, die Regierung, das Kabinett oder gar auf Fragen der internationalen Politik auf NATO oder UNO, sondern auf die Gruppe der Gleichaltrigen, die Schule, die mehr oder weniger vorhandene Familienstruktur, auf Alltagsfragen oder auf jugendspezifische Probleme der Arbeitslosigkeit, des Drogenkonsums oder ganz allgemein dem Problem, einen eigenen Platz im sozialen Umfeld zu finden. Dabei stellt das Hineinwachsen in die größeren Gemeinschaften einen sukzessiv fortschreitenden Prozess biografieabhängiger Vergesellschaftung dar, den der Unterricht begleiten sollte, um die sinnstiftenden Effekte originärer Erfahrungen zu nutzen.

(2) Verfahrensdimension: (*Der Zusammenhang von Sinnorientierung und Handlungsorientierung*) Lebensweltbezug meint, die Beziehungen der Lernenden untereinander, *ihr Handeln* zu berücksichtigen. *Handeln* bedeutet dabei *mehr* als ein menschliches Verhalten, mit dem der Handelnde einen subjektiven Sinn verbindet. Handlungsorientierung bedeutet zumindest, dass an die Stelle von Rezeption sukzessive auch Produktion und Aneignung tritt, die Unterricht zur Sache der Lernenden werden lassen. Gefordert ist ein *Lernen mit Kopf, Herz und Hand*, durch das die leiblichen Kräfte zusammen mit den geistigen und den moralischen und sozialen gebildet werden. Diese ganzheitliche Sichtweise bedeutet für das Verständnis von Handlungsorientierung, dass es nicht um bloße Betriebsamkeit gehen kann, sondern dass im Handlungsbegriff die kognitive Dimension immer miteingeschlossen ist. Unter dieser Voraussetzung, ist Handeln vor allem als *intellektuelle* Suchbewegung zu verstehen. Diese generiert erst den Zusammenhang von Handlungs- und Sinnorientierung. Von hier ergibt sich zugleich der Hinweis auf die *soziale Dimension* des Prinzips der Handlungsorientierung. Wenn Handeln mehr bedeutet als menschliches Verhalten (etwa in einem behavioristischen Sinn), dann sind hier die

7.2 Didaktische Prinzipien des Demokratie-Lernens

sozialen und kommunikativen Konnotationen des Handlungsbegriffs angesprochen. Handlungsorientiertes Lernen ist daher zutreffend als „Lernen in Interaktion" bezeichnet worden.[324] Die Beachtung des Ganzheitsprinzips impliziert damit zugleich auch eine *innere* Beteiligung. („mit Kopf, *Herz* und Hand!").

Abbildung 4: SINN-Orientierung als übergreifendes Prinzip

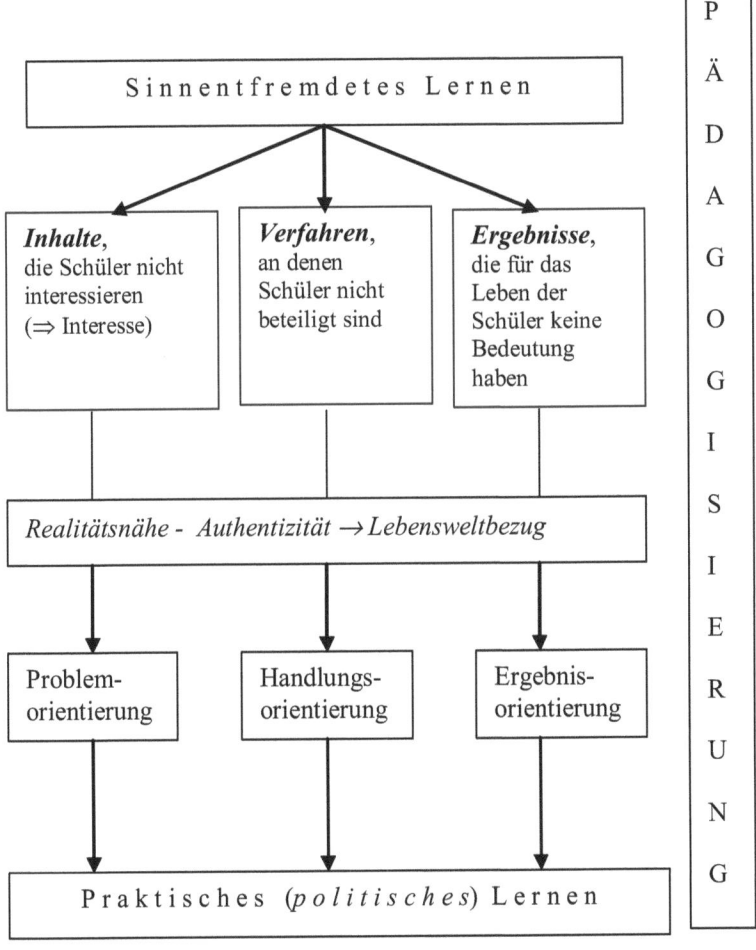

---

324 Reinhardt, 1998, S.163f.

(3) Ergebnisdimension: (*Der Zusammenhang von Sinnorientierung und Ergebnisorientierung*) Handeln hat in Lernprozessen zumeist simulativen Charakter, weil die *Ergebnisse* des Handelns noch keine unmittelbaren *praktischen* Konsequenzen nach sich ziehen. Diese Manifestationsform des didaktischen Prinzips der Handlungsorientierung wird als „kognitives Probehandeln" bezeichnet.[325] Wenn die Lernenden jedoch in eine reale aufgabenhaltige Situation gestellt sind, kann Handeln bedeuten, dass die *Ergebnisse* selbst einen außerhalb des Lernens – nicht aber außerhalb der Sache – liegenden Zweck haben. Ergebnisorientierung hieße sonst, den Sinn Lernens allein schon durch „Zensurenlernen" erfüllt zu sehen. Sinnorientiertes Lernen erfüllt sich noch mehr darin, dass die Lernenden *auch mit den Ergebnissen* des Lernprozesses persönlich „etwas anfangen" können. Von Bedeutung erscheint in diesem Zusammenhang, dass der schulische Lernprozess und seine Ergebnisse dazu beitragen, das Selbst- und Weltverständnis der Schülerinnen und Schüler zu verbessern, dass die Lernergebnisse auch außerhalb von Schule und Unterricht für die Lernenden eine Lebenshilfe darstellen. Sinnorientiertes Lernen stünde in seiner Ergebnisdimension deshalb auch in einem engen Zusammenhang zur gegenwärtigen und zukünftigen Lebensbewältigung der Schülerinnen und Schüler.

Sinnstiftende Wirkung entfaltet dabei das Ergebnis eines Lernprozesses in dem Maße, wie ein unmittelbarer Zweck erfüllt wird. So ist Sinnerfahrung zum Beispiel im Zusammenhang mit der Behandlung des Themas „Wahlen" intensiver, wenn damit die Klassensprecher- oder Schulsprecherwahl verbunden werden kann, als wenn Lernenden eine Sinnorientierung zugemutet wird, die sich mit dem gut gemeinten Hinweis begnügt, dass sie später einmal selbst an politischen Wahlen teilnehmen können. In dem Maße, wie also Handeln simulativen Charakter annimmt, mangelt es aus der Sicht der Lernenden an Ernsthaftigkeit und damit an Bedeutsamkeit. Defizite in den drei Dimensionen des Unterrichts *Inhalte, Verfahren* und *Ergebnisse* führen daher zu der pädagogischen Forderung nach stärkerer Berücksichtigung didaktischer Prinzipien führen. Defizite in der Inhaltsdimension begründen die didaktischen Prinzipien der Problem- und Erfahrungsorientierung. Defizite in der Verfahrensdimension begründen die Forderung nach dem didaktischen Prinzip der Handlungsorientierung. Defizite in der Ergebnisdimension begründen das didaktische Prinzip der Ergebnisorientierung. In dem Maße wie diese didaktischen Prinzipien im Unterricht Berücksichtigung finden, wird Lernenden eine Sinnerfahrung ermöglicht. Damit holt an dieser Stelle die Argumentation die eingangs formulierte These ein, dass alle auf die Unterrichtspraxis und die dabei auszuwäh-

---

325 Grammes 1995, S.15.

7.2 Didaktische Prinzipien des Demokratie-Lernens

lenden Methoden gerichteten didaktischen Prinzipien im Verhältnis zur Sinnorientierung des Lernens in einem Verhältnis der instrumentellen Unterordnung stehen. Die Berücksichtigung dieser didaktischen Prinzipien ermöglicht eine Hinwendung zur Lebenswelt der Lernenden. Diese kommt einer Pädagogisierung des Lernens gleich, mit der die subjektiv-biografischen Zugänge zur Welt, d.h. auch zu den Lerngegenständen im Vordergrund stehen. Um es konstruktivistisch auszudrücken: Die Lernenden erschaffen sich ihre eigene kognitive Realität. Was sie wissen, beruht auf der autonomen Leistung ihres Denkapparates, der von außen nicht gesteuert werden kann. Folgende Fragen sind deshalb veranlasst: Wie gelangt man von der Erschaffung der eigenen kognitiven Realität zu einem Wissen, das nicht nur die subjektive Befindlichkeit widerspiegelt, sondern gewissermaßen sachadäquat, d.h. mit einem gewissen Objektivitätsanspruch ausgestattet ist? Wie also kann der Anspruch der *Sache* gewahrt werden? Wie lässt sich das Ergebnis individualistischer Sinnkonstruktion des Lernens objektivieren?

7.2.2 Der Anspruch der Sache: Objektivierung des Lebensweltbezugs

An dieser Stelle vollzieht sich offenbar der Übergang von einer subjektiv-biografischen Auffassung zu einer kommunikativen Auffassung von Lernprozessen. Kommunikative Lernprozesse gewährleisten durch die unterstützende Tätigkeit qualifizierter Lehrpersonen ein an fachlichen Standards ausgerichtetes Wissen, das die subjektiven Wissenskonstruktionen in dreierlei Hinsicht effektiviert:

Effizienz1 wird erreicht durch die autopoietische Konstruktion, die möglichst viel nachhaltiges Wissen pro Zeiteinheit ermöglicht. Die sich hier ergebende pädagogische Forderung lautet: *Die Bedingungen freier Konstruktion erleichtern und anregende Lernumgebungen schaffen!*

Effizienz2 bezieht sich auf die Herstellung einer intersubjektiven Geltung des Wissens durch die Kommunikation unter den Lernenden. Die sich hier ergebende pädagogische Forderung lautet: *Lernen als Interaktion ermöglichen!*

Effizienz3 betrifft die Validierung des Wissens in einem Konzept kategorialen Lernens, das die fachlich qualifizierte Lehrperson voraussetzt. Die sich hier ergebende pädagogische Forderung lautet: *Lernenden kategoriale Orientierung ermöglichen!* [326]

Was heißt nun „kategoriales" Lernen? Didaktische Kategorien können als Hilfsmittel aufgefasst werden, die den Lernenden den Zugang zur Sache erleich-

---

326 Vgl. Scherb 2002, S.28ff.

tern. Es handelt sich um Allgemeinbegriffe, die das in einem Fach Wesentliche in den Blick nehmen und so die Analyse konkreter Probleme oder Sachverhalte erleichtern. Kategorien enthalten dabei selbst schon wissenschaftliche Erkenntnisse über Sachverhalte und Zusammenhänge. Als Erschließungsinstrumente können sie in Fragen umformuliert und an einen konkreten Sachverhalt angelegt werden. Sie erleichtern dadurch den Wissenserwerb. In der Politikdidaktik gelten z.b. die Kategorien *Macht, Interesse, Recht* oder *Problem/Konflikt* als Allgemeinbegriffe, die man verwenden kann, um Fragen an einen Sachverhalt zu stellen und so den Erkenntniserwerb zu erleichtern. Ist der Irak-Konflikt Thema des Unterrichts, dann dienen die genannten Kategorien als Hilfen zum Erkenntnisgewinn, indem sie z.B. zu folgenden Fragen an das Thema Anlass geben:

- Kategorie *Macht*: Welche internationalen Machtkonstellationen sind zu berücksichtigen? Hat die UNO die Macht, eine Beilegung des Konflikts wirkungsvoll in die Wege zu leiten?
- Kategorie *Interesse*: In wessen Interesse war die Intervention der US-Streitkräfte? Welche Interessen verfolgte Saddam Hussein? Welche Interessen haben die Nachbarstaaten des Irak?
- Kategorie *Recht*: Auf welcher rechtlichen Grundlage können die politischen Akteure mit ihren unterschiedlichen Interessen handeln? Welche Bindungen gehen von den UNO-Resolutionen aus? Werden die Menschenrechte beachtet?

Diese Fragebeispiele zeigen, dass kategoriales Lernen einen strukturierenden und ordnenden Zugriff auf die Lerngegenstände erlaubt. Lernende operieren oft selbst mit Fragekategorien, ohne dass ihnen dies bewusst wäre. Die Lehrperson soll daher nicht voreilig ein bestimmtes kategoriales Instrumentarium in den Lernprozess einbringen. Wenn die autonome Sinnfindung der Lernenden nicht beeinträchtigt werden soll, dann sind Kategorien als Teil der anregenden Lernumgebungen zu verstehen, die Lernenden als stimulierendes Angebot zur Hilfe unterbreitet werden. Kategoriales Lernen folgt daher einem pädagogischen Subsidiaritätsprinzip. Dies bedeutet, dass Lehrerinnen und Lehrer das kategoriale Instrumentarium, das sie als Experten in ihrem jeweiligen Fach parat haben, erst dann in den Lernprozess einspeisen sollen, wenn die Lernenden selbst auf ihrer Suche nach Lösungen der beratenden Intervention bedürfen. Kategorien sind insofern vergleichbar mit der Bedeutung der Sterne in der vormodernen Seefahrt. Die Sterne sind für den Seefahrer Hilfsmittel, die er im Bedarfsfall nutzt. Sie geben ihm jedoch nicht sein persönliches Ziel vor. Ob der Seefahrer den Hafen von Piräus oder den Hafen von Ancona ansteuert, ist seine eigene Entscheidung. Die Sterne sind nur Orientierungshilfen auf der Suche nach dem richtigen Weg. Der Unterricht steht damit in zwei Begrün-

7.2 Didaktische Prinzipien des Demokratie-Lernens

dungskontexten, erstens der Sinnorientierung als Lebensweltbezug des Lernens und zweitens der Sinnorientierung als Sachbezug des Lernens. Einerseits muss gewährleistet werden, dass den Schülerinnen und Schülern in den schulischen Lernprozessen eine subjektive Sinnfindung ermöglicht wird. Dies geschieht zunächst durch die biografischen und lebensweltlich geprägten Deutungen der Lernenden. Damit ist *eine* Voraussetzung für SINN-volles Lernen erfüllt. Da aber gelingendes Lernen nur ein Teilaspekt gelingenden Lebens ist und gelingendes Leben das Sich-in-der-Welt-zurechtfinden miteinschließt, bedarf es einer Objektivierung des Lernens. Schülerinnen und Schüler kommen nicht zurecht, wenn ihr Lernen nur auf subjektiven Sinnkonstruktionen beruht und dann zu einem beliebigen Wissen führt, das in keiner Weise anschlussfähig ist an die in den Schulfächern kommunizierten Standards des Wissens. In jeder Schulaufgabe, in jeder mündlichen Prüfung können Lernende diese Erfahrung machen. Spätestens an dieser Stelle muss deshalb auch die eingangs verwendete Sinndefinition erweitert werden. Die subjektorientierte Definition, wonach Sinn dasjenige ist, „was in der Perspektive des (...) Subjekts dessen Leben gelingen lässt", diente zunächst als Begründung dafür, in einer ersten Stufe der Überwindung sinnentfremdeten Lernens von der Lebenswelt, dem Sinnhorizont und den Deutungsmustern der Lernenden auszugehen. Das von Schülerinnen und Schülern selbst anerkannte Kriterium sinnvollen Lernens, die Lebensdienlichkeit erfüllt sich jedoch erst durch die Fachorientierung des Lernens, für die letztlich die qualifizierte Lehrperson eine gewährleistende Funktion übernehmen kann. Sinnstiftend wirkt also erst ein Prozess, der einerseits die aktive selbständige Teilnahme der Lernenden ermöglicht und andererseits den Realitätsbezug berücksichtigt. Sinnorientierung stellt daher eine Resultante aus dem Objektbereich (Inhalte, Ergebnisse) und dem Subjektbereich (Prozess der Beteiligung) dar.

Auch aus der Perspektive der Schülerinnen und Schüler ist der Output-Aspekt des Lebensweltbezugs begründbar. In der neueren (reform-) pädagogischen Diskussion wird deshalb die „Lebensdienlichkeit des Lernens" wiederentdeckt und mit dem Begriff des „praktischen Lernens" besonders zu kennzeichnen versucht. Die Forderung sinnorientierten Lernens lässt sich daher als Option für die oben beschriebene Integration von Lebenswelt- und Sachbezug des Lernens begründen.

7. Streitbare Demokratie und didaktische Praxis

Abbildung 5: Sinnorientierung als Integration von Lebenswelt- und Sachbezug des Lernens

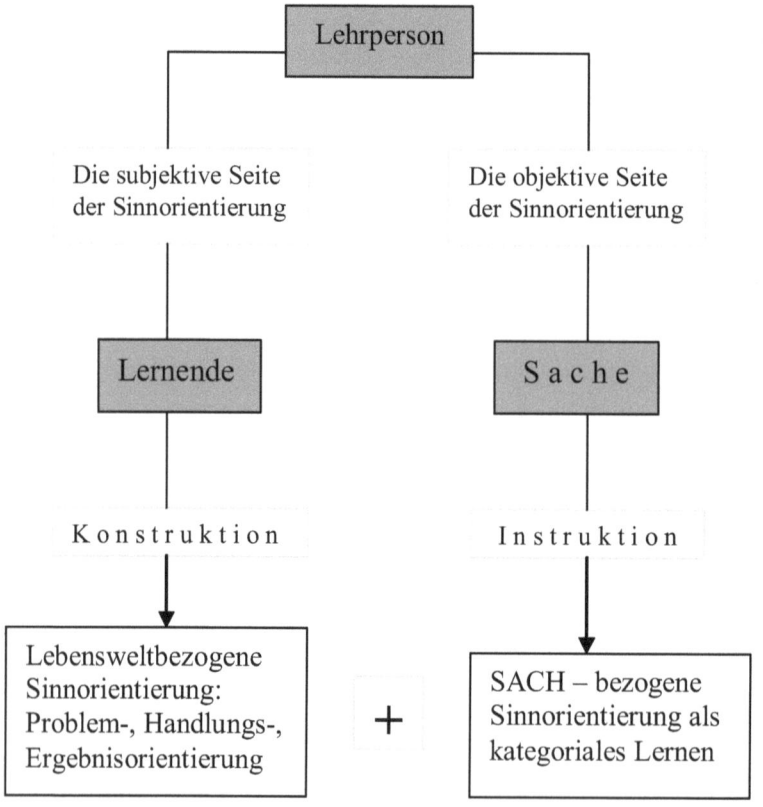

7.2 Didaktische Prinzipien des Demokratie-Lernens

Als Fazit ergibt sich deshalb hier das Plädoyer für ein didaktisches „Entfaltungsmodell", das die subjektiv-biographischen Erfahrungen der Schülerinnen und Schüler, ihre lebensweltlichen Bezüge mit fachlichen Perspektiven zusammenführt.[327] Sinnorientierung stellt insofern eine Synthese dar zwischen einer input-orientierten und auf den Bildungsprozess bezogenen Schülerorientierung und einer outputorientierten auf fachliche Mindeststandards bezogenen Sachorientierung. Für die Unterrichtspraxis leitet sich daraus die Forderung ab, anregende Lernumgebungen zu arrangieren, die situiertes und lebensweltbezogenes Lernen ermöglichen und durch die Vielfalt der angebotenen Methoden Entfaltungsmöglichkeiten für unterschiedliche Lernwege und Lernertypen bereithalten. In dieses Arrangement anregender Lernumgebungen fügt sich auch ein Konzept kategorialer Bildung ein, wenn man Kategorien nicht als einengende Vorgabe, sondern als Orientierungshilfe für die intellektuelle Suchbewegung der Lernenden begreift.

7.2.3 Sinnorientierung und Demokratieerziehung

Wenn nun Sinn dasjenige ist, „was *in der Perspektive des (...) Subjekts* (Hervorh. A.S.) dessen Leben gelingen lässt",[328] dann muss Sinn durch das Subjekt entweder erst *gefunden*[329] *oder* – konstruktivistisch gesprochen – *erfunden* werden.[330] Die Formulierung „gefunden" impliziert eine äußere Realität, die das um Sinngebung bemühte Subjekt suchen und schließlich finden kann. Die konstruktivistische Sprechweise vom „*erfundenen*" Sinn meint, dass die Sinngebung keine wie auch immer geartete innere Repräsentation einer äußeren Realität darstellt, sondern eine eigenständige kognitive Leistung des jeweiligen Gehirns ist, das von außen nicht gesteuert werden kann. Diese ontologische Differenz löst sich jedoch in der Praxis darin auf, dass selbst der konstruierte Sinn, der über kommunikative Prozesse eine gewisse Verbreitung und vielleicht sogar eine gewisse Allgemeingültigkeit erreicht hat, dem Sinnsuchenden immer als Vorgabe oder als äußeres Angebot gegenüber steht, auf das er sich positiv beziehen kann oder auch nicht, ein Angebot, das – konstruktivistisch gesprochen – dem *Sinnerfinder* widerständig ist und ihn in seinem Leben als Störfaktor gegenübertritt. So scheint auch unser Alltagsverständnis berechtigt, wonach sich die Suche nach Sinn in der akzeptie-

---

327 Vgl. Schorch, 1999, S.13.
328 Frankl, zit. bei Kurz, 1987, S.199. Zur „Vieldimensionalität der Sinnkategorie" vgl. Kurz, 1987, S.199ff. und ders., 1989, S.201ff.
329 Vgl. Frohne, 1999, S.162.
330 Vgl. Scherb, 2002, S.25.

renden, gestaltenden oder auch ablehnenden Hinordnung zu einem Außen vollzieht, egal ob dieses Außen ein ontologisch Seiendes oder „nur" ein Konstruiertes ist, das in kommunikativen Prozessen zwischen einer gewissen Anzahl von Individuen passend gemacht wurde. Dieses Außen, auf das nun eine Hinordnung erfolgt, kann auch als Wert(e) bezeichnet werden. Demnach gehört zum Sinn der Bezug auf Werte. Nur dort, wo ein solcher Bezug existiert, kann auch von Sinn gesprochen werden. Erst durch die Hinordnung auf etwas, das sich lohnt, das man gutheißen kann, eben auf einen Wert, kommt Sinn zustande.[331] Unter den prozessualen Bedingungen, die das didaktische Prinzip der Sinnorientierung kennzeichnen[332], kann nun der Wertbegriff als Chiffre angesehen werden, für den man z.B. „Freiheit", „Toleranz", „Selbstbestimmung" in summa eben auch „Demokratie" einsetzen kann. Lernprozesse, die dem didaktischen Prinzip der Sinnorientierung folgen, beschreiben ein normatives Konzept der Demokratieerziehung, weil die in diesen Lernprozessen aufscheinenden Merkmale zugleich die wesentlichen Merkmale einer demokratischen Praxis sind. Hier begründet sich auch die Rede von der „Demokratieerziehung" als komplexes Ineinandergreifen von kognitiven, prozeduralen und habituellen Kompetenzen, die in der aktuellen demokratiepädagogischen Diskussion mit der Forderung „Demokratie leben und lernen" bezeichnet werden.

---

331 Vgl. Ladenthin, 2001, S.25ff.
332 An dieser Stelle wäre zu ergänzen, dass diese prozessualen Bedingungen dieselben Bedingungen sind, die Dewey in seiner Beschreibung des Erkenntnis- und Lernprozesses („How we think!") nennt. Vgl. hier unter *6.1 Pragmatismus und Demokratie-Lernen I*, S.91.

Literaturverzeichnis

Abendroth, Wolfgang u.a., 1981: Ordnungsmacht? Über das Verhältnis von Legalität, Konsens und Herrschaft, Neuwied/Berlin.
Ackermann, Paul, 1998: Die Bürgerrolle in der Demokratie als Bezugsrahmen für die politische Bildung. In: Breit/Schiele, 1998, S.13ff.
Agnoli, Johannes, 1978: Die Transformation der Demokratie. In: Agnoli/Brückner, 1978, S.5ff.
Agnoli, Johannes/Brückner, Peter, 1978: Die Transformation der Demokratie, Frankfurt a.M.
Alexy, Robert, 1983: Theorie der juristischen Argumentation. Frankfurt a.M.
Alexy, Robert, 1994: Theorie der Grundrechte, Frankfurt a.M.
Altenhof, Ralf, 1999: Die Entwicklung der streitbaren Demokratie. Über die Krise einer Konzeption. In: Jesse/Löw (Hg.), 1999, S.165ff.
Anschütz, Gerhard, 1933: Die Verfassung des Deutschen Reiches. Kommentar. Berlin.
Arroyabe, Estanislao, 1982: Peirce. Eine Einführung in sein Denken. Königstein/Ts.
Backes, Uwe/Jesse, Eckhard (Hg.), 1989ff. (1996, 2001): Jahrbuch Extremismus und Demokratie, Baden-Baden.
Badura, Peter, 1982: Grundpflichten als verfassungsrechtliche Dimension. In: Deutsches Verwaltungsblatt 1982, S.861ff.
Baltzer, Ulrich, 1994: Erkenntnis als Relationengeflecht: Kategorien bei Charles Sanders Peirce, Paderborn.
Ballestrem, Karl Graf von (Hg.), 1995: Sozialethik und politische Bildung. Festschrift für Bernhard Sutor zum 65. Geburtstag, Paderborn.
Battisti, Siegfried, 1994: Sinn und Norm. Frankfurt a.M.
Baumgarten, Eduard, 1934: Die pragmatische und instrumentale Philosophie John Deweys. In: Neue Jahrbücher für Wissenschaft und Jugendbildung 10 (1934), S.236ff.
Baumgarten, Eduard, 1938: Die geistigen Grundlagen des amerikanischen Gemeinwesens. Bd. II: Der Pragmatismus, Frankfurt a.M.
Bayertz, Kurt, 1996: Moralischer Konsens als soziales und philosophisches Problem. In: Bayertz (Hg.), 1996, S.11ff.
Bayertz, Kurt (Hg.), 1996: Moralischer Konsens. Technische Eingriffe in die menschliche Fortpflanzung als Modellfall, Frankfurt a.M.
Becker, Gary,1993: Der ökonomische Ansatz zur Erklärung menschlichen Verhaltens, Tübingen.
Behrmann, Günter C., 1993: Verfassung, Volk und Vaterland. Zur historischen, pädagogischen und politisch-kulturellen Verortung des Verfassungspatriotismus. In: Behrmann/Schiele (Hg.), 1993, S. 5ff.
Behrmann, Günter/Schiele, Siegfried (Hg.), 1993: Verfassungspatriotismus als Ziel politischer Bildung, Schwalbach/Ts.
Bellah, Robert u.a., 1987: Gewohnheiten des Herzens. Individualismus und Gemeinsinn in der amerikanischen Gesellschaft, Köln. (*Zuerst 1985: Habits of the Heart. Individualism and Commitment in American Life, Berkeley.*)
Bethge, Herbert, 1985: Die verfassungsrechtliche Problematik der Grundpflichten. In: Juristische Arbeitsblätter 1985, S.249ff.

Literaturverzeichnis

Bildungskommission (Hg.), 1995: Zukunft der Bildung – Schule der Zukunft. Denkschrift der Kommission „Zukunft der Bildung – Schule der Zukunft" beim Ministerpräsidenten des Landes Nordrhein-Westfalen, Neuwied/Berlin.

Bloch, Ernst, (1957) 1973: das Prinzip Hoffnung, Frankfurt a.M.

Böckenförde, Ernst-Wolfgang, 1974: Grundrechtstheorie und Grundrechtsinterpretation. In: Neue Juristische Wochenschrift 1974, S.1529ff.

Böckenförde, Ernst-Wolfgang, 1976: Staat, Gesellschaft, Freiheit, Frankfurt a.M.

Böckenförde, Ernst-Wolfgang, 1981: Rechtsstaatliche politische Selbstverteidigung als Problem. In: Böckenförde (Hg.), 1981, S.9ff.

Böckenförde, Ernst-Wolfgang (Hg.), 1981: Extremisten und öffentlicher Dienst, Baden-Baden.

Boventer, Gregor, 1985: Das Konzept der streitbaren Demokratie im internationalen Vergleich. In: Aus Politik und Zeitgeschichte 16/ 1985, S.33ff.

Breit, Gotthard/Massing, Peter (Hg.), 1992: Grundfragen und Praxisprobleme der politischen Bildung, Bonn.

Breit, Gotthard/Schiele, Siegfried (Hg.), 1998: Handlungsorientierung im Politikunterricht, Stuttgart.

Bundesministerium des Innern (Hg.), 1922: Sicherheit in der Demokratie, Bonn.

Burkhart, Holger/Reich, Kersten, 2000: Begründung von Moral. Diskursethik versus Konstruktivismus, Würzburg.

Denninger, Erhard, 1973: Staatsrecht (2 Bände), Reinbek/Hamburg.

Denninger, Erhard, 1979: Verfassungstreue und Schutz der Verfassung. In: Veröffentlichungen der Vereinigung der Deutschen Staatsrechtslehrer 37/1979, S.7ff.

Detjen, Joachim, 1988: Neopluralismus und Naturrecht. Zur politischen Philosophie der Pluralismustheorie, Paderborn u.a.

Detjen, Joachim, 1999: Der demokratiekompetente Bürger. Politikwissenschaftliche Anmerkungen zu einer normativen Leitvorstellung politischer Bildung. Eichstätt.

Dettmann, Ulf, 1999: Der Radikale Konstruktivismus, Tübingen.

Deutsche Gesellschaft für ökonomische Bildung (DEGÖB), 2004: Kompetenzen der ökonomischen Bildung für allgemein bildende Schulen und Bildungsstandards für den mittleren Schulabschluss. http://www.degoeb.de vom 30.04.2004.

Dewey, John, 1927: The Public and its Problems, N.Y.

Dewey, John/Tufts, James H., (1908) 1932: Ethics, New York.

Dewey, John, (1911) 1951: Wie wir denken. Eine Untersuchung über die Beziehung des reflexiven Denkens zum Prozeß der Erziehung, Zürich.

Dewey, John, (1916) 1993: Demokratie und Erziehung. Eine Einleitung in die philosophische Pädagogik, Weinheim.

Dikow, Joachim (Hg.), 1985: Vom Ethos es Lehrers. Münstersche Gespräche zu Themen der wissenschaftlichen Pädagogik, Heft 2, Münster.

Dreier, Ralf, 1977: Verfassung und Ideologie. In: Gedächtnisschrift für Friedrich Klein.

Dubiel, Helmut, 1994a: Das ethische Minimum der Demokratie. In: Blätter für deutsche und internationale Politik, 4/1994, S. 489ff.

Dubiel, Helmut, 1994b: Ungewissheit und Politik, Frankfurt a.M.

Ellwein, Thomas, 1958: Politische Verhaltenslehre. Stuttgart.

Entscheidungen des Bundesverfassungsgerichts, 1951ff.: (BverfGE)

Fischer, Kurt Gerhard, 1970: Einführung in die politische Bildung. Ein Studienbuch über den Diskussions- und Problemstand der politischen Bildung in der Gegenwart. Stuttgart.

Flaig, Berthold u.a., 1993: Alltagsästhetik und politische Kultur. Zur ästhetischen Dimension politischer Bildung und politischer Kommunikation, Bonn.

Foerster, Heinz von, 1993: KybernEthik, Berlin.

Forst, Rainer, 1994: Kommunitarismus und Liberalismus – Stationen einer Debatte. In: Honneth (Hg.), 1994, S.181ff.

Literaturverzeichnis 137

Fraenkel, Ernst, 1974: Deutschland und die westlichen Demokratien, Stuttgart.
Frohne, Irene (Hg.), 1999: Sinn- und Wertorientierung in der Grundschule, Bad Heilbrunn.
Fromme, 1982: Die streitbare Demokratie im Bonner Grundgesetz. In: Bundesministerium des Innern (Hg.), 1982, S.19ff.
Gagel, Walter, 1994: Geschichte der politischen Bildung in der Bundesrepublik 1945-1989. 12 Lektionen, Opladen.
Gagel, Walter, 1995: Der Pragmatismus als verborgene Bezugstheorie der politischen Bildung. In: Ballestrem (Hg.), 1995, S.205ff.
Gagel, Walter, 1998: Denken und Handeln. Der Pragmatismus als Diagnosehilfe für Konzepte der Handlungsorientierung im Politikunterricht. In: Breit/Schiele (Hg.), 1998, S.129.
Gantner, Herbert, 1990: Die Bedeutung der Erkenntnisse Kohlbergs für die moralische Erziehung an der Hauptschule, Regensburg.
Giesecke, Hermann, 1965 (1972) (12. Auflage 1982): Didaktik der politischen Bildung, München.
Gebhardt, Jürgen, 1993: Verfassungspatriotismus als Identitätskonzept der Nation. In: Aus Politik und Zeitgeschichte 14/1993, S.29ff.
GPJE (Gesellschaft für Politikdidaktik, politische Jugend und Erwachsenenbildung), 2004: Nationale Bildungsstandards für den Fachunterricht in der politischen Bildung an Schulen. Schwalbach/Ts.
Glaser, Eckehard, 1999: Wissen verpflichtet. Eine Einführung in den Radikalen Konstruktivismus, München.
Glasersfeld, Ernst von, 1992: Aspekte des Konstruktivismus: Vico, Berkely, Piaget. In: Rusch/Schmidt (Hg.), 1992, S.20ff.
Glasersfeld, Ernst von, 1997: Radikaler Konstruktivismus. Ideen, Ergebnisse, Probleme, Frankfurt a.M.
Götz, Volkmer, 1983: Grundpflichten als verfassungsrechtliche Dimension. In: Veröffentlichungen der Vereinigung der Deutschen Staatsrechtslehrer 1982, S.8ff.
Grammes, Tilman, 1995: Handlungsorientierung im Politikunterricht, Hannover.
Gudjons, Herbert, 1989: Handlungsorientiert lehren und lernen. Politikunterricht und Schüleraktivität, Bad Heilbrunn.
Guggenberger, Bernd, 1984: An den Grenzen der Mehrheitsdemokratie, Opladen.
Habermas, Jürgen, 1987: Eine Art Schadensabwicklung, Frankfurt a.M.
Habermas, Jürgen, 1992: Moralbewußtsein und kommunikatives Handeln, Frankfurt a.M.
Häberle, Peter, 1979: Diskussionsbeitrag. In: Veröffentlichungen der Vereinigung der Deutschen Staatsrechtslehrer 37/1979, S.126
Häberle, Peter, 1981: Erziehungsziele und Orientierungswerte im Verfassungsstaat, Freiburg/München.
Hättich, Manfred, 1977: Rationalität als Ziel politischer Bildung, München.
Hafeneger, Benno u.a. (Hg.), 2002: Pädagogik der Anerkennung. Grundlagen, Konzepte, Praxisfelder. Schwalbach/Ts.
Haller, Max u.a. (Hg.), 1989: Kultur und Nation, Franfurt a.M.
Hase, Friedhelm, 1981: „Bonn" und „Weimar". Bemerkungen zu der Entwicklung vom okkasionellen zum ideologischen Republikschutz. In: Abendroth u.a., 1981, S.69ff
Harnischfeger, Horst, 1966: Die Rechtsprechung des Bundesverfassungsgerichts zu den Grundrechten, Hamburg.
Hartwich, Hans-Hermann, 2000: Verbot der NPD? In Gegenwartskunde 4/2000, S.481ff.
Hartwich, Hans-Hermann, 2002: Ökonomische versus politische Bildung? – ein sinnloser Konflikt! In: Gesellschaft-Wirtschaft-Politik 1/2002, S.5ff.
Hedtke, Reinhold, 2002: Die Kontroversität in der Wirtschaftsdidaktik. In: Gesellschaft-Wirtschaft-Politik 2002, S.173ff.

Hegel, Georg Wilhelm Friedrich, (1821), 1970: Grundlinien der Philosophie des Rechts, (Ed. Suhrkamp) Frankfurt a.M.
Heitger, Marian, 1990: Moralität und Bildung. In: Regenbrecht/Pöppel (Hg.), 1990, S.12ff.
Heitmeyer, Wilhelm (Hg.), 1997: Was hält die Gesellschaft zusammen? Frankfurt a.M. Heitmeyer, Wilhelm/Sander, Uwe, 1997: Was leisten Integrationsmodi? Eine vergleichende Analyse unter konflikttheoretischen Gesichtspunkten. In: Heitmeyer (Hg.), 1997, S.447ff.
Henkenborg, Peter, 1993: Den „Gebrauchswert des Politischen" entwickeln: Politische Bildung und die schwarzen Löcher der Moral. In: Forum Politische Bildung 2/1993, S.10ff.
Henkenborg, Peter, 1995: Wie kann die politische Bildung neu denken? Ambivalenzen gestalten. In: Gegenwartskunde 2/1995, S.167ff.
Henkenborg, Peter, 1997: Gesellschaftstheorien und Kategorien der Fachdidaktik. In: Politische Bildung 2/1997, S.95ff.
Hennis, Wilhelm, 1968: Verfassung und Verfassungswirklichkeit. Tübingen.
Hepp, Gerd, 1989: Wertsynthese – Eine Antwort der politischen Bildung auf den Wertewandel. In: Aus Politik und Zeitgeschichte 46/1989, S.15ff.
Hepp, Gerd, 1994: Wertewandel. Politikwissenschaftliche Grundfragen, München/Wien.
Himmelmann, Gerhard, 2002: Anerkennung und Demokratie-Lernen bei John Dewey. In: Hafeneger (Hg.), 2002, S.63ff.
Himmelmann, Gerhard/ Lange, Dirk (Hg.), 2005: Demokratiekompetenz, Wiesbaden.
Hirschman, Albert, 1994: Wieviel Gemeinsinn braucht die liberale Gesellschaft? In: Leviathan, 2/1994, S.293ff.
Höffe, Ottfried (Hg.), 1981: Klassiker der Philosophie. Bd. II. München.
Honneth, Axel, 1989: Kritik der Macht. Reflexionsstufen einer kritischen Gesellschaftstheorie, Frankfurt a.M.
Honneth, Axel (Hg.), 1994: Kommunitarismus – Eine Debatte über die moralischen Grundlagen moderner Gesellschaften, Frankfurt a.M./ New York.
Isensee, Josef, 1981: Menschenrechte – Staatsordnung – Sittliche Autonomie. In: Schwartländer (Hg.), 1981, S.70ff.
Isensee, Josef, 1982: Die verdrängten Grundpflichten des Bürgers. Ein grundgesetzliches Interpretationsvakuum. In: Die öffentliche Verwaltung 1982, S.609ff.
Isensee, Josef, 1986: Verfassung als Erziehungsprogramm? In: Regenbrecht (Hg.), 1986, S.190ff.
Inglehart, Ronald, 1989: Kultureller Umbruch. Wertwandel in der westlichen Welt. Frankfurt a.M./N.Y.
Jasper, Gotthard, 1965: Die abwehrbereite Demokratie. München.
Jasper, Gotthard, 1978: Die Krise der streitbaren Demokratie, In: Deutsches Verwaltungsblatt 1978, S.725ff.
Jahrreis, Hermann, 1950: Demokratie. Selbstbewusstsein-Selbstgefährdung-Selbstschutz. In: Festschrift für Richard Thoma, 1950, Tübingen, S.71ff.
Jensen, Stefan, 1999: Erkenntnis – Konstruktivismus – Systemtheorie, Opladen.
Jesse, Eckhard/Löw, Konrad (Hg.), 1999: 50 Jahre Bundesrepublik Deutschland, Berlin.
Joas, Hans, 1992: Pragmatismus und Gesellschaftstheorie, Frankfurt a.M.
Joas, Hans, 1996: Die Kreativität des Handelns, Frankfurt a.M.
Jung, Eberhard, 1997: Projekt – Projektorientierung, Schwalbach/Ts.
Kaufmann, Arthur, 1986: Vorüberlegungen zu einer juristischen Logik undOntologie der Relationen: Grundlegung einer personalen Rechtstheorie. In: Rechtstheorie 17/1986; S.257ff.
Kaufmann, Arthur, 1991: Die Naturrechtsdiskussion in der Rechts- und Staatsphilosophie der Nachkriegszeit. In: Aus Politik und Zeitgeschichte 33 /1991, S.3ff.
Kaufmann, Arthur, 1994: Problemgeschichte der Rechtsphilosophie. In: Kaufmann/Hassemer, 1994, S.30ff.
Kaufmann, Arthur/Hassemer, Winfried, 1994: Einführung in Rechtsphilosophie und Rechtstheorie der Gegenwart, Heidelberg.

Kielmannsegg, Peter Graf von, 1979: Von der Notwendigkeit und den Schwierigkeiten streitbarer Demokratie. In: Schönbohm (Hg.), 1979, S.39ff.
Krichheimer, Otto, 1981: Politische Justiz. Verwendung juristischer Verfahrensmöglichkeiten zu politischen Zwecken, Frankfurt a.M.
Klages, Helmut, 1984: Wertorientierungen im Wandel. Rückblick, Gegenwartsanalyse, Prognosen. Frankfurt/New York.
Klages, Helmut, 1995: Die Realität des Wertewandels. In: Klein (Hg.), 1995, S.81ff.
Klein, Hans Hugo, 1975: Über Grundpflichten. In: Der Staat, 1975, S.153ff.
Klein, Hans Hugo, 1979: Verfassungstreue und Schutz der Verfassung. In: Veröffentlichung der Vereinigung der Deutschen Staatsrechtslehrer 37/1979, S.53ff.
Klein, Ansgar (Hg.) 1995: Grundwerte in der Demokratie, Bonn.
Kohlberg, Lawrence/ Turiel, Elliot, 1978: Moralische Entwicklung und Moralerziehung. In: Portele (Hg.),1978, S.13ff.
Konrad, Franz-Michael 1998: Dewey in Deutschland (1900-1940). Rezeptionsgeschichtliche Anmerkungen. In: Pädagogische Rundschau 52/1998, S.23ff.
Kriele, Martin, 1975: Einführung in die Staatslehre, Reinbek/Hbg.
Kuhn, Friedrich, 1996: Ein anderes Bild des Pragmatismus. Wahrscheinlichkeitstheorie und Begründung der Induktion als maßgebliche Einflussgrößen in den „Illustrations of the Logic of Science" von Charles Sanders Peirce, Frankfurt a.M.
Kurz ,Wolfram, 1987: Ethische Erziehung als religionspädagogische Aufgabe, Göttingen.
Kurz ,Wolfram, 1989: Die sinnorientierte Konzeption religiöser Erziehung, Würzburg.
Kutscha, Martin, 1978: Verfassung und streitbare Demokratie, Köln.
Kutscha, Martin, 1981: Im Staat der „Inneren Sicherheit", Frankfurt a.M.
Ladenthin, Volker, 2001: Gut-gerecht-sinnhaft: Zur Struktur moralischer Urteile und den Möglichkeiten ihrer Lehrbarkeit. In: Vierteljahrsschrift für wissenschaftliche Pädagogik, Heft 1/ 2001, S.25ff.
Lameyer, Johannes, 1978: Streitbare Demokratie. Eine verfassungshermeneuti sche Untersuchung, Berlin.
Lameyer, Johannes, 1981: Streitbare Demokratie. In: Jahrbuch des Öffentlichen Rechts 1981, S.147ff.
Larmore, Charles, (1990) 1994: Politischer Liberalismus. In: Honneth (Hg.), 1994, S.131ff. *(Zuerst 1990: Political Liberalism. In: Political Theory,18:3, S.131ff.)*
Leggewie, Claus/Meier, Horst, 1995: Republikschutz. Maßstäbe für die Verteidigung der Demokratie, Reinbek/Hbg.
Leibholz, Gerhard, 1974: Strukturprobleme der modernen Demokratie, Frankfurt a.M.
Lepsius, Rainer, 1989: Das Erbe des Nationalsozialismus und die politische Kultur der Nachfolgerstaaten des „Großdeutschen Reiches". In: Haller u.a. (Hg.), 1989, S.254ff.
Lerche, Peter, 1961: Übermaß und Verfassungsrecht. Zur Bindung des Gesetzgebers an die Grundsätze der Verhältnismäßigkeit und der Erforderlichkeit, München.
Karl Loewenstein, 1937: Militant Democracy and Fundamental Rights. In: American Political Science Review 1937, S.417ff. u. 638ff.
Löwisch, Dieter-Jürgen, 1985: Die Verantwortung des Lehrers als Erzieher für das Verbindlichwerden der Verfassung. In: Dikow (Hg.), 1985, S.51ff.
Luhmann, Niklas, 1975: Politische Planung, Opladen.
MacIntyre, Alasdair, (1984) 1994: Ist Patriotismus eine Tugend? In: Honneth (Hg.), 1994, S.84ff. *(Zuerst 1984: Is Patriotism a Virtue? In: The Lindley Lectures. Kansas, S.84ff.)*
Mandt, Hella, 1978: Grenzen politischer Toleranz in der offenen Gesellschaft. In: Aus Politik und Zeitgeschichte 3/1978, S.3ff.
Martens, Ekkehard (Hg.), 1975: Texte der Philosophie des Pragmatismus. Charles Sanders Peirce, William James, Ferdinand Canning, Scott Schiller, John Dewey. Stuttgart.

Martens, Ekkehard, 1981. Amerikanische Pragmatisten. In: Höffe, 1981, S.225ff.
Marx, Karl, (1867), 1970: Das Kapital (Erster Band), MEW Bd. 23, Berlin (Ost).
Maunz,Theodor/Dürig,Günther, 1960: Art. 79. In: Maunz/Dürig/Herzog/Scholz, 1958ff. (1992):Grundgesetz (Kommentar), München.
Niclauß, Karl-Heinz, 1974: Demokratiegründung in Westdeutschland, München.
Oehler, Klaus,1977: William James: Der Pragmatismus. Ein neuer Name für alte Denkmethoden. Hamburg.
Oehler, Klaus, 1993: Charles Sanders Peirce, München.
Oelkers, Jürgen,1993: Dewey in Deutschland – ein Missverständnis. In: Dewey, (1916) 1993, S.497ff.
Oetinger, Friedrich, 1951: Wendepunkt der politischen Erziehung. Partnerschaft als pädagogische Aufgabe, Stuttgart. (2. Auflage 1953, 3. Auflage 1956).
Oppermann, Thomas, 1975: das parlamentarische System des Grundgesetzes. In: Veröffentlichungen der Vereinigung der Deutschen Staatsrechtslehrer 1975, S.8ff.
Pape, Helmut, 2002: Der dramatische Reichtum der konkreten Welt. Göttingen.
Pape, Helmut, 2005: Was kann die Philosophie des Pragmatismus für die Politische Bildung leisten? In: POLIS 3/2005, S.7ff.
Peirce, Charles Sanders, 1903 (1934): Lectures on Pragmatism. In: Peirce, 1934, S.13ff.
Peirce, Charles Sanders, 1934: Collected Papers of Charles Sanders Peirce, Vol. V: Pragmatism an Pragmaticism, ed. by Hartshorn Charles et al., Cambridge/ Mass.
Portele, Gerhard (Hg.), 1978: Sozialisation und Moral, Weinheim/Basel.
Preuß, Ulrich K., 1973: Legalität und Pluralismus, Frankfurt a.M.
Preuß, Ulrich K., 1995: Die Verfassung als Wertordnung. In: Klein (Hg.), 1995, S.44ff.
Radbruch, Gustav, 1932: Rechtsphilosophie. Stuttgart.
Reich, Kersten, 2000: Interaktionistisch-konstruktive Kritik einer universalistischen Begründung von Ethik und Moral. In: Burkhart/Reich, 2000, S.88ff.
Rawls, John, 1975: Eine Theorie der Gerechtigkeit, Frankfurt a.M.
Rawls, John, (1992) 1994: Gerechtigkeit als Fairneß: politisch und nicht metaphysisch. In: Honneth (Hg.), 1994, S.36ff. *(Zuerst 1985: Justice as Fairness: Political not Metaphysical. In: Philosophy and Public Affairs, 14:3, S.36ff.)*
Reinhardt, Sibylle, 1999: Werte-Bildung und politische Bildung. Zur Reflexivität von Lernprozessen, Opladen.
Reese-Schäfer, Walter, 1997: Grenzgötter der Moral. Der neuere europäisch-amerikanische Diskurs zur politischen Ethik, Frankfurt a.M.
Regenbrecht, Aloysius, 1990: Ist Tugend lehrbar? In: ders./Pöppel, (Hg.), 1990, S.4ff.
Regenbrecht, Aloysius/Pöppel, Karl Gerhard (Hg.), 1990: Moralische Erziehung im Fachunterricht. Münstersche Gespräche zu Themen der wissenschaftlichen Pädagogik Heft 7 (2 Bände), Münster.
Ridder, Helmut, 1975: Die soziale Ordnung des Grundgesetzes, Opladen.
Ridder, Helmut, 1984: Schutz der verfassungsmäßigen Ordnung. In: Wassermann (Hg.), 1984, S.1408ff.
Rorty, Richard, 1982: Consequences of Pragmatism, Minneapolis.
Rorty, Richard, 1991: Objectivity, Relativism and Truth. Vol I. Cambridge/Mass.
Roth, Gerhard, 1992: Das konstruktive Gehirn. Neurobiologische Grundlagen von Wahrnehmung und Erkenntnis. In: Schmidt (Hg.), 1992, S.277ff.
Roth, Gerhard, 1994: Das Gehirn und seine Wirklichkeit. Kognitive Neurobiologie und ihre philosophischen Konsequenzen. Frankfurt a.M.
Rousseau, (1762) 1968: Staat und Gesellschaft „Contrat Social", Viertes Buch Kap. VIII : Über die staatsbürgerliche Religion, hgg. von Kurt Weigand, München.
Rusch, Gebhard/Schmidt, Siegfried (Hg.), 1995: Konstruktivismus und Ethik, Frankfurt a.M.

Literaturverzeichnis 141

Sachs, Michael, 1984: Die Entstehungsgeschichte des Grundgesetzes als Mittel der Verfassungsauslegung in der Rechtsprechung des Bundesverfassungsgerichts. In: Deutsches Verwaltungsblatt 1984, S.73ff.

Sandel, Michael, 1982: Liberalism and the Limits of Justice, Cambridge/Mass.

Sandel, Michael, (1984) 1994: Die verfahrensrechtliche Republik und das ungebundene Selbst. In: Honneth (Hg.) 1994, S.18ff. *(Zuerst 1984: The Procedural Republic and the Unencumbered Self. In: Political Theory, 12:1, S.18ff.)*

Sandkühler, Hans Jörg (Hg.), 1999: Enzyklopädie Philosophie (2 Bände), Hamburg.

Sarcinelli, Ulrich, 1993a: „Verfassungspatriotismus" und „Bürgergesellschaft" oder: Was das demokratische Gemeinwesen zusammenhält. Orientierungen für die politische Bildung. In: Aus Politik und Zeitgeschichte 34/1993, S.25ff.

Sarcinelli, Ulrich, 1993b: Verfassungspatriotismus und politische Bildung – oder: Nachdenken über das, was das demokratische Gemeinwesen zusammenhält. In: Behrmann/Schiele (Hg.), 1993, S.55ff.

Schäfer, Karl-Hermann, 2005: Kommunikation und Interaktion. Grundbegriffe einer Pädagogik des Pragmatismus, Wiesbaden.

Scheler, Max, (1913) 1954: Der Formalismus in der Ethik und die materiale Wertethik. München.

Scherb, Armin, 1987: Präventiver Demokratieschutz als Problem der Verfassungsgebung nach 1945, Frankfurt a.M.

Scherb, Armin, 1994: Unabänderbare Werte und freiheitliche Demokratie – ein Widerspruch in sich? In: Scherb/Röhlin (Hg.), 1994, S.101ff.

Scherb, Armin, 1996a: Pragmatisch-normative Minimalkonsensbegründung als Grundlage wertorientierter politischer Bildung. In: Schiele/Schneider (Hg.), 1996, S.169ff.

Scherb, Armin, 1996b: Vorwärts oder Zurück zum Republikschutz? In: Backes/Jesse (Hg.), 1996, S.257ff.

Scherb, Armin, 1998: Handlungsorientierung: Ermöglichende Bedingung SINN-voller politischer Bildung. In: Breit/Schiele (Hg.), 1998, S.175ff.

Scherb, Armin, 2000: John Deweys „Democracy and Education": Ein tragfähiges Erziehungskonzept in der „Postmoderne"? In: Pädagogische Rundschau 1/2000, S.23ff.

Scherb, Armin, 2001: Parteiverbot und Demokratie – Die NPD-Verbotsdiskussion als Hinweis auf ein strukturelles Defizit demokratischer Streitbarkeit. In: Backes, Uwe/Jesse, Eckhard, Jahrbuch Extremismus und Demokratie Band 13, 2001, S.73ff.

Scherb, Armin, 2002: Ist eine konstruktivistische Politikdidaktik möglich? Aachen.

Scherb, Armin, 2003: Streitbare Demokratie und politische Bildung. Grundlagen und Bauelemente eines normativ-pädagogischen Konzepts. Hamburg.

Scherb, Armin, 2004: Werteerziehung und pluralistische Demokratie, Frankfurt a.M.

Scherb, Armin, 2005a: Der Pragmatismus (k)ein politikdidaktisches Bildungskonzept? In: POLIS 3/2005, S.12ff.

Scherb, Armin 2005b: Demokratie-Lernen und reflexive Urteilskompetenz. In: Himmelmann/Lange (Hg.), 2005, S.270ff.

Scherb, Armin/Röhlin, Karl-Heinz (Hg.) 1994: Politischer Extremismus und Demokratie in Mittelfranken, Nürnberg.

Scherb, Armin/Wenger-Scherb, Gabriele, 1992: „Heimat" als Kategorie politischer Bildung. In: Alt-Gunzenhausen 47/1992, S.36ff.

Schiele, Siegfried, 1998: Handlungsorientierung: Lichtblick oder Nebelschleier. In: Breit/Schiele (Hg.), 1998, S.1ff.

Schiele, Siegfried/Schneider, Herbert (Hg.), 1977: Das Konsensproblem in der politischen Bildung, Stuttgart.

Schiele, Siegfried/Schneider, Herbert (Hg.), 1996: Reicht der Beutelsbacher Konsens? Schwalbach/Ts.

Schlösser, Hans Jürgen (Hg.), 2001: Stand und Entwicklung der ökonomischen Bildung. Bergisch-Gladbach.
Schmid, Carlo, 1979: Erinnerungen. Bern.
Schmidt, Bernd, 2002: Die Macht der Bilder. Bildkommunikation – menschliche Fundamentalkommunikation, Aachen.
Schmidt, Siegfried (Hg.), 1992: Der Diskurs des Radikalen Konstruktivismus, Frankfurt a.M.
Schmiederer, Rolf, 1977: Politische Bildung im Interesse der Schüler, Frankfurt a.M.
Schmitt Glaeser, Walter, 1977: Der Begriff der freiheitlichen demokratischen Grundordnung. In: Denninger, 1977, S.168ff.
Schneider, Herbert, 1996: Gemeinsinn, Bürgergesellschaft und Schule – ein Plädoyer für bürgerorientierte politische Bildung. In: Schiele/Schneider, (Hg.) 1996, S.199ff.
Schönbohm, Wulf (Hg.), 1979: Verfassungsfeinde als Beamte? Die Kontroverse um die streitbare Demokratie, München.
Schorch, Günther, 1999: Die Unterrichtsvorbereitung in der Lehrerbildung, Bayreuth.
Schulz von Thun, Friedemann, 2003: Miteinander Reden (1). Reinbek/Hamburg.
Schwartländer, Johannes (Hg.), 1981: Modernes Freiheitsethos und christlicher Glaube, München/Wiesbaden.
Schwill, Florian, 2002: Zur Anwendung der Radbruchschen Formel in der Rechtsprechung des Bundesverfassungsgerichts. In: Kritische Vierteljahresschrift für Gesetzgebung und Rechtswissenschaft Heft 1/2002, S.79ff.
Spinner, Helmut, 1974: Pluralismus als Erkenntnismodell, Frankfurt a.M.
Schreiner, Günther, 1992: Zum Verhältnis von moralischer Erziehung und politischer Bildung. In: Breit/Massing (Hg.), 1992, S. 473ff.
Siebert, Horst, 1994: Lernen als Konstruktion von Lebenswelten. Entwurf einer konstruktivistischen Didaktik, Frankfurt a.M.
Solzbacher, Claudia, 1994: Politische Bildung im pluralistischen Rechtsstaat, Opladen.
Steffani, Winfried, 1989: Pluralistische Demokratie, Opladen.
Steinberger, Helmut, 1974: Konzeptionen und Grenzen freiheitlicher Demokratie. Dargestellt am Beispiel des Verfassungsrechtsdenkens in den Vereinigten Staaten von Amerika und des amerikanischen Antisubversionsrechts. Berlin/ Heidelberg/ N.Y.
Stern, Klaus, 1977: Das Staatsrecht der Bundesrepublik Deutschland. München.
Sternberger, Dolf, 1947: Begriff des Vaterlands. In: ders., 1980, S.11ff.
Sternberger, Dolf, 1959: Das Vaterland. In: Frankfurter Allgemeine Zeitung vom 16.9.1959, abgedr. in Behrmann/Schiele (Hg.), 1993, S.1f.
Sternberger, Dolf, 1979: Verfassungspatriotismus. In: Frankfurter Allgemeine Zeitung vom 23.5.1979, abgedr. in Behrmann/Schiele (Hg.), 1993, S.2ff.
Sternberger, Dolf, 1980: Staatsfreundschaft, Schriften Bd. IV, Frankfurt a.M.
Sternberger, Dolf, 1990: Verfassungspatriotismus, Schriften Bd. X, Frankfurt a.M.
Sutor, Bernhard, 1984 I: Neue Grundlegung politischer Bildung, Band I: Politikbegriff und politische Anthropologie, Band II: Ziele und Aufgabenfelder des Politikunterrichts, Paderborn.
Sutor, Bernhard, 1993: Verfassungspatriotismus. Brücke zwischen Nationalbewusstsein und universaler politischer Ethik? In: Behrmann/Schiele (Hg.), 1993, S.36ff.
Sutor, Bernhard, 1995a: Nationalbewusstsein und universale politische Ethik. In: Aus Politik und Zeitgeschichte 10/1995, S.3ff.
Sutor, Bernhard, 1995b: Grundwerte im Politikunterricht. Didaktische Analyse und Skizzen zur Unterrichtsplanung. In: Politische Bildung 1/1995, S.47ff.
Sutor, Bernhard, 1997: Kleine politische Ethik, Opladen.
Taylor, Charles, (1989) 1994: Aneinander vorbei: Die Debatte zwischen Liberalismus und Kommunitarismus. In: Honneth (Hg.), 1994, S.103ff. *(Zuerst 1989: Cross Purposes: The Liberal-Communitarian Debate. In: Rosenblum, N. (Hg.), Liberalism and the Moral Life. Cambridge/ Mass., S.103ff.)*

Literaturverzeichnis 143

Terhart, Ewald, 1999: Konstruktivismus und Unterricht. Gibt es einen neuen Ansatz in der Allgemeinen Didaktik? In: Zeitschrift für Pädagogik, 45/1999, S.629ff.
Uexküll, Jacob von, 1921: Umwelt und Innenwelt der Tiere, Berlin.
Wassermann, Rudolf (Hg.), 1984: Kommentar zum Grundgesetz für die Bundesrepublik Deutschland, Neuwied/Darmstadt.
Watzlawick, Paul u.a., 1969: Menschliche Kommunikation, Bern.
Wehling, Hans-Georg, 1977: Konsens à la Beutelsbach. In: Schiele/Schneider, 1977, S.179ff.
Weiler, Hagen, 1980: Politischer Unterricht im Sinne des Grundgesetzes. Wider die rechtsverbindliche Festlegung von Lernzielen. In: Aus Politik und Zeitgeschichte, 15/1980, S.3ff.
Weiler, Hagen, 1992: Ethisches Urteilen oder Erziehung zur Moral, (2 Bände) Opladen.
Winkel, Olaf, 1996: Wertewandel und Politikwandel. Wertewandel als Ursache von Politikverdrossenheit und als Chance ihrer Überwindung. In: Aus Politik und Zeitgeschichte 52-53/1996, S.13ff.

Internet:

www.extremismus.com/dox/gruende/pdf.

Zeitungen:

Klingst, Martin in: DIE ZEIT v. 12.10.2000, S.13.
Krauß, Bärbel, 2000 in: Stuttgarter Zeitung v. 12.8.2000.
Sternberger, Dolf, 1959 in: Frankfurter Allgemeine Zeitung v. 16.9.1959.
Sternberger, Dolf, 1979 in: Frankfurter Allgemeine Zeitung v. 23.5.1979.

Neu im Programm Politikwissenschaft

Frank Decker / Viola Neu (Hrsg.)
Handbuch der deutschen Parteien
2007. 440 S. Br. EUR 29,90
ISBN 978-3-531-15189-2

Das Handbuch der deutschen Parteien schließt eine Lücke in der Parteienliteratur. Erstmals wieder werden alle wichtigen Parteien in der Geschichte und Gegenwart der Bundesrepublik Deutschland, insgesamt mehr als 80, umfassend und systematisch in einem Band behandelt. Neben die Darstellung der einzelnen Parteien treten zudem Beiträge, die die Einzeldarstellung in einen umfassenderen Zusammenhang einordnen.

Steffen Kailitz (Hrsg.)
Schlüsselwerke der Politikwissenschaft
2007. XXXVI, 493 S. Br. EUR 24,90
ISBN 978-3-531-14005-6

Die Politikwissenschaft kann stolz auf einen bemerkenswerten Bestand an fruchtbaren Theorien und Forschungsergebnisse blicken. Die Vielzahl der politikwissenschaftlichen Werke ist aber selbst für den ausgebildeten Politikwissenschaftler kaum überschaubar. Die „Schlüsselwerke" sollen bei der Orientierung helfen. Aus dem reichhaltigen Bestand der politikwissenschaftlichen Literatur nimmt der Band jene heraus, die in besonderem Maße die Entwicklung der Politikwissenschaft spiegeln. Der spannende Streifzug durch die Politikwissenschaft führt von Platons politischer Philosophie bis zum aktuellen Vetospieleransatz von Georg Tsebelis.

Klaus Schubert / Simon Hegelich / Ursula Bazant (Hrsg.)
Europäische Wohlfahrtssysteme
Ein Handbuch
2008. 704 S. Br. EUR 49,90
ISBN 978-3-531-15784-9

In diesem Handbuch wird die Sozial- und Wohlfahrtspolitik der EU-25-Staaten und die wohlfahrtspolitische Entwicklung der EU dargestellt und analysiert. Weiterhin wird die sozial- und politikwissenschaftliche Debatte über die Entwicklung der Wohlfahrtssysteme in Europa rekapituliert und fortgesetzt. Das Buch dient somit als umfassende Einführung in die sozial- und wohlfahrtspolitische Praxis der europäischen Länder.

Erhältlich im Buchhandel oder beim Verlag.
Änderungen vorbehalten. Stand: Januar 2008.

www.vs-verlag.de

VS VERLAG FÜR SOZIALWISSENSCHAFTEN

Abraham-Lincoln-Straße 46
65189 Wiesbaden
Tel. 0611.7878-722
Fax 0611.7878-400

MIX
Papier aus verantwortungsvollen Quellen
Paper from responsible sources
FSC® C105338

If you have any concerns about our products,
you can contact us on
ProductSafety@springernature.com

In case Publisher is established outside the EU,
the EU authorized representative is:
**Springer Nature Customer Service Center GmbH
Europaplatz 3, 69115 Heidelberg, Germany**

Printed by Libri Plureos GmbH
in Hamburg, Germany